Y LÔN WEN

Darn o Hunangofiant

KATE ROBERTS

gwasg gee

Argraffiad cyntaf 1960
Pedwerydd argraffiad 2010

ISBN: 978-1-904554-09-7

Cydnabyddir gefnogaeth ariannol
Cyngor Llyfrau Cymru

Argraffwyd gan Wasg Gomer, Llandysul
Cyhoeddwyd gan Wasg Gee (Cyhoeddwyr) Cyf., Bethesda
www.gwasggee.com

I
GOFFADWRIAETH
FY NHEULU
I GYD

CYFLWYNIAD

Aeth hanner canrif heibio er pan gyhoeddwyd 'Y Lôn Wen' gyntaf. Fel is-deitl i'r gwaith, disgrifiwyd ef fel 'darn o hunangofiant'. Ac yn wir, dyma a geir - cymharol ychydig o sôn am Kate Roberts ei hun ond yn hytrach ddarlun o fywyd y gymdeithas ddiwylliannol Gymraeg yn ardal Rhosgadfan yn yr hen Sir Gaernarfon. Eir â ni'n ôl i flynyddoedd olaf y bedwaredd ganrif ar bymtheg, oes ei thaid a'i nain a'i rhieni, a pherthnasau eraill, a thrafodir hen gymeriadau ac amgylchiadau ardal ei magwraeth. Ceir yma bortreadu coeth a threiddgar, a hynny mewn rhyddiaith odidog.

1

DARLUNIAU

Y mae ceffyl y meddyg wedi ei glymu wrth y llidiart, a daw'r meddyg ar hyd y llwybr i lawr at y tŷ. Dyn bychan ydyw a chanddo farf goch, y mae'n gwisgo *leggings* lledr sy'n disgleirio fel gwydr. Daw i'r tŷ a rhydd ei het a'i fenig ar y bwrdd. Mae golwg bryderus iawn ar mam fel yr â'r meddyg i'r siambar lle mae fy mrawd, iau na mi, yn sâl iawn. Mae arnaf fi ofn y meddyg, mae mor ddieithr ac yn gymaint o ŵr bonheddig, nid oes ôl gweithio ar ei ddwylo. Ond y fo sy'n mynd i fendio fy mrawd. Mae'n gadael aroglau cyffuriau ar ei ôl.

Ymhen ychydig ddyddiau yr wyf fi'n rowlio bisgedi Mari fel cylchyn hyd lawr y siambar, heb ofn cael fy nwrdio, oblegid mae fy mrawd yn gorwedd ar ei ochr yn y gwely yn edrych arnaf ac ar y bisgedi. Mae'n chwerthin ac mae mam yn gwenu.

*   *   *

Mae hi'n gyda'r nos braf ym mis Mai, a minnau'n cael mynd yn llaw fy nhad i Fryn Gro. Mae yno ddyn sâl, Robert Jones yw ei enw, a nhad sydd yn torri ei farf yn ei salwch. Mae'n frawd i Glasynys medd fy nhad, ond nid wyf ddim callach. Mae nhad yn mynd i'r tŷ ac yn cael ei lyncu yn ei dywyllwch. Arhosaf innau allan, a daw Nel, wyres Robert Jones, allan i chwarae efo mi. Mae ganddi wallt tew, hir sy'n cyrraedd i lawr tu isa i ganol ei chefn. Awn at y cwt mochyn, ac edrych ar y moch. Mae yno un mochyn bychan bach, ac yr wyf yn dotio arno. Wrth fyned adref yr wyf yn siarad gyda nhad am y mochyn bach, ac mae nhad yn dweud mai 'cwlin' neu 'fach y nyth' y maent yn galw moch bach felly.

*   *   *

Yr wyf yn bedair a hanner oed ac yr ydym yn mudo o Fryn Gwyrfai i Gae'r Gors ar draws y caeau. Y mae Mary Williams, sy'n dyfod i helpu mam weithiau, yn cario Evan, y babi, yn y siôl, yn ei llaw mae Richard, fy mrawd arall, tair oed, ac yr wyf innau'n cerdded wrth eu hochr ac yn cario sosban. Dyna fy help i yn y mudo. Mae dynion yn myned o'n blaenau yn cario'r dodrefn. Yn union o'm blaen mae dau ddyn yn cario gwaelod y cwpwrdd gwydr. Mae'r cwpwrdd yn neidio i fyny ac i lawr yn berffaith gyson. Nid wyf yn cofio cyrraedd Cae'r Gors na mynd i'm gwely am y tro cyntaf yn ein tŷ newydd. O dywyllwch i dywyllwch.

*   *   *

Y mae'n fore Sadwrn gwlyb, oer, diwrnod fy mhen blwydd yn chwech oed. Mae mam newydd llnau tua'r tân, ac mae tân isel, coch yn y grât. Safaf innau wrtho, ac er y gwres, mae arnaf annwyd oherwydd y tywydd diflas. Yr wyf yn crïo ac yn crïo, ac ni wn am beth, ddim ond efallai am ei bod yn ddiwrnod annifyr. Yr wyf yn sicr nad am na chefais anrheg, oblegid nid ydym byth yn cael anrhegion pen blwydd. Mae mam yn dweud bod y Brenin Mawr yn gofalu am anfon glaw ar ddydd Sadwrn am nad oes ysgol.

*   *   *

Y mae'r gwynt yn ubain o gwmpas y tŷ ac yn crïo fel plentyn. Mae canghennau'r coed wrth y gadlas yn gwichian a chlywaf rai ohonynt yn torri'n gratsh. Ebwch mawr, tawel a llechen yn mynd oddi ar do'r beudy ac yn disgyn yn rhywle. Mae arnaf ofn i do'r tŷ fynd. Ond nid oes rhaid inni ofni, yr ydym yn ddiddos yn y gwely a nhad a mam wrth y tân o dan y simdde fawr. Mae Duw yn y Nefoedd yn gorwedd ar wastad ei gefn ar y cymylau gwlanog, a'i farf yr un fath â'r gwlân. Y Fo sy'n maddau inni am wneud drygau ac yn gofalu na chawn fynd i'r tân mawr. Ond nhad a mam sy'n rhoi bwyd inni a tho nad yw'n syrthio.

*   *   *

Yr wyf yn saith a hanner oed, yn eistedd yn y lôn wrth ymyl y llidiart. Mae carreg fawr wastad yno, a dyna lle'r eisteddaf yn magu fy mrawd ieuengaf, Dafydd, mewn siôl. Yr wyf yn eistedd gymaint yno fel fy mod wedi gwneud twll hwylus i'm traed. Mae'n ddiwrnod braf. O'm blaen mae Sir Fôn ac Afon Menai, Môr Iwerydd yn ymestyn i'r gorwel, Castell Caernarfon yn ymestyn ei drwyn i'r afon a'r dref yn gorff bychan o'r tu ôl iddo. Mae llongau hwyliau gwynion, bychain yn myned trwy'r Bar, a thywod Niwbwrch a'r Foryd yn disgleirio fel croen ebol melyn yn yr haul. Nid oes neb yn mynd ar hyd y ffordd, mae'n berffaith dawel. Toc daw hen gar mawr y siop, rhywbeth ysgafnach na throl, yn cario nwyddau o'r dref, fel y gwna bob dydd. Mae gwyddau Jane Roberts, Glanrafon Hen, yn pori ar y dorlan ac estynnant eu gyddfau allan wrth fyned heibio i ddangos eu hawdurdod. Ond mae fy mrawd bach a minnau'n berffaith dawel ac yn hapus, yn gwneud dim ond edrych i lawr ar y môr a sbïo o gwmpas a synfyfyrio. Yr ydym yn dal i synfyfyrio am hir er mwyn i mam gael gyrru ymlaen efo'i gwaith, ond nid yw'n boen arnom synfyfyrio, oblegid mae mor braf yn y tawelwch. Mae gwallt melyn, sidanaidd fy mrawd yn cosi fy nhalcen, ac mor hyfryd yw ei gnawd tyner ar fy moch. Rhydd slap ar fy wyneb mewn afiaith weithiau, a chrycha ei drwyn wrth ddal i edrych ar y byd, y byd nad yw'n ddim ond rhywbeth i edrych arno i fabi a phlentyn saith oed.

* * *

Yr wyf yn naw oed yn eistedd wrth y ddesg yn yr ysgol yn gwneud syms. Mae'r athro wedi dangos inni sut i wneud syms newydd, a chawsom lyfrau gydag enghreifftiau, rhyw ddwsin i'r tudalen. Yn awr mae'n rhaid inni weithio'r problemau hyn yn ein llyfrau ysgrifennu. Mae'r hanner dwsin cyntaf yn hollol yr un fath â'i gilydd ac yn ddigon rhwydd. Mae'r seithfed yn ymddangos yn wahanol ac yr wyf yn methu gwybod beth i'w wneud. Mae arnaf ofn troi oddi wrth ffordd yr hanner dwsin cyntaf, rhag ofn imi wneud camgymeriad, yr wyf mewn penbleth mawr. Mae fy rheswm yn dweud nad yw'r sym hon yr un fath â'r lleill, ond methaf weld pam yr oedd yn rhaid rhoi sym wahanol yng nghanol pethau yr un fath. Penderfynaf ddilyn fy rheswm er bod arnaf ofn. Y fi oedd yr unig un i gael y sym hon yn iawn. Yr wyf yn falch, nid oherwydd hyn ond oherwydd imi benderfynu dilyn fy rheswm am y tro cyntaf erioed a chael fy mod yn iawn.

* * *

Yr wyf yn mynd i Bantcelyn, tŷ fy nain, mam fy mam, yn ystod gwyliau'r haf. Mae pwll o ddŵr cyn dyfod at y tŷ, lle bydd nain yn oeri'r piseri llaeth ar ôl godro. Ar y chwith wrth droi at y tŷ mae gardd flodau fechan a blodau Adda ac Efa yn tyfu ynddi, a rhosod lliw hufen yn dringo o gwmpas y drws. Ar y dde mae seston lechen o waith fy nhaid i ddal dŵr glaw. Nid yw taid yn fyw. Mae dyrnau pres y dresel yn fy wynebu fel rhes o lygaid gloywon. Oddi ar y mur mae dau ewythr yn edrych arnaf o dan aeliau trymion. Credaf eu bod yn gwgu arnaf. Mae cwrlid coch ar y bwrdd a Beibl mawr yn agored arno, sbectol ar y Beibl a'i breichiau wedi croesi fel coesau pry'. Mae nain yn eistedd ar setl yn yr un dillad ag a fydd ganddi bob amser. Mae ganddi het bach wellt ddu am ei phen a chap o ffrilin du odani, a ruban bach piws ar y ffrilin wrth ben y clustiau. Mae'n gwisgo bodis du a rhes o fotymau mân yn ei gau, sydd yn gorwedd y tu allan i bais stwff. Mae'n gwisgo ffedog ddu. Mae'n mynd ati i hwylio te ac yn estyn torth o gwpwrdd y bwrdd mawr sydd wrth y ffenestr. Mae tyllau yn y dorth ac nid yw mor wyn â'n bara ni gartref. Mae mam yn dweud mai blawd rhad mae nain yn ei brynu. Ond yr wyf fi yn ei hoffi. Mae nain yn dweud nad oes ganddi ddim teisen i de, dim ond caws. Dywedaf innau fy mod yn hoffi caws yn fawr, yn enwedig yr un crystyn coch. Mae hyn yn ei phlesio. Mae'n mynd i'r tŷ llaeth heibio i gefn y setl i nôl y menyn. Mae ei chorff yn ddel iawn a hithau mor hen. Âf ar ei hôl, ond nid heb sbecian yn y Beibl yn gyntaf i weld beth y mae hi yn ei ddarllen. 'Yn nhŷ fy Nhad y mae llawer o drigfannau.' Mae hi'n meddwl am farw reit siŵr. Mae'r tŷ llaeth yn oer braf a'i loriau llechi yn llaith. Mae aroglau menyn a llaeth enwyn a lleithder yno, aroglau yr wyf i'w cofio am byth. Mae nain yn cymryd pwys o fenyn caled oddi ar y llechen ac yn ei roi ar blât. Awn yn ôl i'r gegin a chawn de. Mae bara menyn nain yn ddigon o ryfeddod. Mae'n estyn pot o jam cwsberis o'r cwpwrdd. ''R oeddwn i wedi anghofio hwn,' meddai, 'Kate Bryncelyn gwnaeth o.' Mae aroglau sebon Vinolia dewyth John yn dyfod oddi wrth y palis. Pan mae nain yn cadw'r pethau ar ôl bwyta, yr wyf yn mynd i'r siambar i sbecian. Mae ganddi wely wenscot yno, a chyrtenni gwyn a blodau cochion arnynt o gwmpas y gwely. Nain a nyddodd y defnydd o lin, meddai mam. Mae hen gist dderw yn y siambar a throell fach. Pan ddof yn ôl i'r gegin eisteddaf ar fy nghwrcwd i edrych ar y lluniau pysgod a gerfiodd taid ar ochr y llwyfan lechen sydd o dan y dodrefn.

Gofynnaf i nain a gaf fynd i weld yr ardd. Gardd ryfedd yw hi, wedi ei chau i mewn efo muriau a choed tal a dôr uchel yn cau arni fel na fedr neb weld i mewn iddi. Mae cychod gwenyn ar un ochr fel nifer o dai bychain twt, ond nid wyf i fod i fynd yn agos atynt. Trof i'r chwith ac af at y ffynnon. Edrychaf am hir i'w gwaelod clir, taflaf garreg fechan i mewn ac yna mae'n symud yn sydyn, ac yr wyf yn gweld rhywbeth tebyg i'r froitsh werdd a welais yn ffenestr y siop yn y dre yn symud yn lân yn y dŵr. Cenau goeg ydyw. Nid wyf yn ei hoffi. Ond mae'n ddiogel yn y dŵr. Nid oes ardd debyg i hon yn unlle. Mae fel llyfr wedi ei gau efo chlesbin.

Wedi mynd i'r tŷ gofynnaf i nain, 'I beth ydach chi'n cadw cenau goeg gwirion yn y ffynnon?'

'I buro'r dŵr.'

Synfyfyriaf ar hyn.

'Faint ydy' d'oed di rŵan?'

''R ydw i dest yn ddeg.'

''R oedd dy fam yn mynd i weini yn d'oed di.'

Trof y stori, achos mi wn beth sy'n dŵad.

'Y droell yna yn y siambar ydy'r un ddaru mam dreio

nyddu efo hi, a chael clewtan gynnoch chi am fusnesu?'

''D ydw i ddim yn cofio am y glewtan, ia, honna ydy'r droell.'

'Mae mam yn cofio o hyd. Mae'n rhaid 'i bod hi'n brifo.'

'Mi 'r oedd hi'n 'i haeddu hi reit siŵr. Wyt ti'n helpu dy fam?'

Nid wyf yn hoffi dweud 'Ydw' rhag ofn nad wyf yn gwneud digon.'

'Mi wnes i smonath wrth helpu y diwrnod o'r blaen.'

Edrych nain arnaf a'i llygaid fel dau lafn o ddur glas. 'Be wnêst ti ?'

'Golchi'r badell does efo chadach llestri ac mi aeth y toes i mewn i'r cadach i gyd a'i neud o fel tasa'i lond o o falwod.'

'Mi'r wyt ti'n gwbod erbyn hyn mai crafu padell does efo dy winedd sydd eisio.'

'Ydw.'

Yr wyf yn ddigalon wrth gerdded adref—meddwl bod nain yn meddwl nad wyf yn helpu digon ar mam.

*   *   *

Mae hi'n ddydd byr yn niwedd blwyddyn ac yn nosi cyn i'r bobl gyrraedd adref o'r chwarel. Âf allan i'r lôn mewn hanner ofn, hanner chwilfrydedd. Daethai murmur fod damwain wedi digwydd yn chwarel Cors y Bryniau ar fin caniad. Af yn wyliadwrus ofnus drwy'r llidiart a chyn gynted â'm bod wedi ei hagor mae trol yn myned heibio a chorff dyn arni. Mae sachau dros y corff ond y mae esgidiau hoelion mawr y dyn, sydd wedi eu gorchuddio â chlai, heb eu cuddio. Mae chwarelwr yn tywys y ceffyl a dynion eraill yn cerdded o boptu i'r drol gyda'u pennau i lawr. Rhedaf i'r tŷ wedi dychryn. Yr

11

oedd y dyn yn fyw wrth basio ein tŷ ni i'r chwarel y bore yma; mae'n mynd adre' heno ar drol, wedi marw. Mae'r peth yn rhy ofnadwy.

Yr ydym i gyd yn ddistaw uwch ben ein swper chwarel. Mae mam yn sôn am 'y criadur gwirion' yn dosturiol ac yn sôn am ei wraig. Ond mae nhad yn ddifrif ac yn synfyfyrio ac yn ocheneidio. Ysgwn i a fydd arno ofn mynd i'r chwarel yfory? Ni allaf fi gysgu heno. Yr wyf yn gweld yr esgidiau hoelion mawr, cleiog yn troi at allan, ac yn ceisio dychmygu sut olwg sydd ar y corff a'r wyneb llonydd o dan y sachau.

*   *   *

Yr ydym yn y seiat a'n trwynau yn rhedeg. Y mae un o'r blaenoriaid yn siarad. Yr ydym wedi dweud ein hadnodau ers meityn, ac mae'r blaenor wedi bod yn y llawr yn gwrando profiadau'r bobl mewn oed. Rhywbeth yn debyg yw eu profiadau bob tro, teimlo eu bod yn bechaduriaid mawr. Mae rhai yn crïo wrth ddweud hynny a'r lleill yn sych. Mae'r blaenor yn awr yn siarad am y profiadau ac yn dweud eu bod wedi cael bendith i gyd. Mae un ochr i'w wyneb yn y goleuni a chysgod ar y llall. Yr ydym ni blant yn ddistaw fel llygod, ond mae ein traed yn oer, oblegid nid oes gwres yn y capel, ac yr wyf fi'n dyheu am gael mynd adre' at dân cynnes. Ond mae blaenor arall yn codi oddi ar ei gadair o dan y pulpud— Owen Pritchard y Gaerddu. Nid yw ef yn symud at y lamp fel y blaenor arall, ond saif ger ei gadair. Mae ganddo dopcot ddu a choler felfet amdano, ac mae'n edrych fel pregethwr, ond nid yw'n siarad fel pregethwr. Mae ganddo wyneb tlws, a gwallt a barf fel aur. Mae'n siarad yn ddistaw. Coeth yw'r gair amdano, medd pawb.

Mae fel petai'n siarad efo fo'i hun, a'i lygaid heb fod ar y gynulleidfa, ond fel pe baent yn edrych i rywle na welwn ni mono fo. Gwn ei fod yn siarad yn dda er nad wyf yn ei ddeall.

Mae'r lleuad yn ddisglair pan awn allan, ond mae golau disgleiriach na golau'r lleuad o'n blaenau. Mae dyn yn gwerthu llestri ar ochr y ffordd a chylch bychan o bobl o'i flaen. Mae ganddo fflamdorch swnllyd wrth ei ochr, ac mae ei wyneb ef i gyd yn y goleuni. Mae'n siarad fel melin ac yn lluchio'r platiau i'r awyr yn gylch, un ar ôl y llall ac yn eu dal cyn iddynt ddisgyn.

'Faint amdanyn nhw?' medd y dyn, 'rhai ffres yn boeth o'r popty, mi gynhesan ych dwylo chi ar noson oer.'

'Hei,' wrthyf fi, 'hwda, gafael yn un ohonyn nhw, 'r wyt ti'n edrach yn ddigon piglwyd.'

Tybiaf ei fod am wneud imi brynu un a chiliaf o'r cylch.

Yr wyf yn meddwl tybed a wna fy mrodyr dreio'r tric yma o luchio platiau heb eu torri yfory, yr un fath â'r tric o luchio wyau hyd y cae heb eu torri, a mam, wrth ffrio'r wyau, yn methu gwybod o ble daeth yr wyau wedi eu cymysgu yn y plisgyn ac yn eu lluchio i ffwrdd gan feddwl mai wyau drwg oeddynt. Ond nid yw lluchio platiau cyn hawsed â lluchio wyau ar gae, a mae mwy o wyau mewn blwyddyn nag o blatiau yn ein tŷ ni.

Ond mae'n rhy oer i sefyllian hyd yn oed i edrych ar gampau a gwrando ar arabedd y gwerthwr. Rhedwn adref a'r ffordd yn diaspedain gan sŵn ein traed. Mae aelwyd gynnes a bwrdd siriol yn ein aros, ac ar noson oer mae hynny'n well na seiat nac ocsiwn lestri.

*   *   *

Y mae'r wers ar ddaearyddiaeth drosodd a'r dosbarth yn sefyll yn hanner cylch o gwmpas y desgiau yn lle bod yn eistedd ynddynt. Mae'r prifathro a'n cymerodd yn y wers yn cychwyn o'r ystafell (a alwn yn 'glasdrwm') i'r ysgol fawr i ganu'i bib i ddweud ei bod yn amser newid gwersi. Mae'n gofyn i mi, gan fy mod ar ben y cylch, sefyll o flaen y dosbarth i gadw cow arnynt tra fydd ef yn yr ysgol fawr. Pan mae ef yn y cyntedd tywyll sydd rhwng y ddwy ystafell, mae un o'r bechgyn yn lluchio pysen tuag ataf. Try'r ysgolfeistr yn ei ôl a gofyn i mi yn Saesneg pwy a'i taflodd. Dywedaf na wn, a rhoi fy nwy wefus ar ei gilydd yn dynn. 'Fe ddylech wybod,' medd ef, a rhoi dwy gansen gïaidd i mi, un ar bob llaw, mor galed ag y gall. Ond nid wyf yn crïo. Deil fy ngwefusau yn dynn ar ei gilydd. Y wers nesaf yw gwnïo ac mae gwrym ar un llaw i mi ac y mae'n brifo'n enbyd. Mae'r athrawes sy'n dysgu gwnïo inni yn amau fod rhywbeth yn bod ac y mae'n garedig. Ond ni wiw iddi ddweud dim, ac ni wiw i minnau glepian ar y prifathro wedi mynd adref. Dyna reol ein cartref. Eithr mae fy nhu mewn yn gweiddi gan gynddaredd yn erbyn anghyfiawnder. Yr wyf wedi haeddu fy nghuro lawer gwaith, ond nid y tro hwn. Beth a all plentyn ei wneud yn erbyn cosb nas haedda? Yr ateb yw dim, ar hyn o bryd. Ond fe ddaw dydd dial, fel yr oedd y stori yn y papur newydd yn dweud.

*   *   *

Y mae'n fore Sadwrn braf ym mis Medi. Yr ydym i gyd, ag eithrio'r rhai sy'n gweithio yn y chwarel, yn y cowrt o flaen y tŷ. Yr wyf fi newydd orffen sgwrio'r ysgol, ac yr wyf wrthi'n awr yn llnau'r cyllyll drwy eu gyrru ôl a blaen ar styllen a lledr arni, a bricsen ar y lledr, gwaith nas hoffaf: mae'n gyrru'r dincod ar fy nannedd. Mae lechen lydan hyd ben y clawdd, ac arni mae fy mrodyr yn torri cnau. Buont yn y Bicall y bore yma yn hel cnau a mwyar duon. Mae mam wedi rhoi'r mwyar duon ar hambwrdd mawr ar ben y wal. Mae'n gwisgo ei sbectol i'w harchwilio, fel y bydd yn archwilio fy mhen i weithiau. Mae cymaint o'r mwyar duon nes eu bod yn tonni'n fryniau dugoch yn yr haul. Cawn bwdin i swper heno.

Yn y munud dyna sŵn a adwaenwn yn dda, dyn yn gweiddi nerth ei ben, rywbeth tebyg i 'Cra-a-a'. Mae'r effaith arnom yn syfrdanol. Chwalwn ymaith oddi wrth ein goruchwylion fel petai rhywun wedi taflu dŵr berwedig am ein pennau, y ni'r plant i'r lôn a mam i'r tŷ i nôl dysgl a'i phwrs. Hugh Williams, Pen Lan, sydd yna efo'i drol bach yn gwerthu llysiau a ffrwythau. Daw fel hyn bob Sadwrn, a'r hyn a waedda ydyw, 'Carraits', ond ei fod yn swnio fel 'Cra-a-a' o bell. Y dyn ffeindia'n bod, yn rhy wael ei iechyd i weithio ac yn mynd â'i drol ffrwythau o gwmpas. Ond mae mam yn dweud nad yw'n gwneud fawr o elw am ei fod yn rhy ffeind a bod llawer o ddrwgdalwyr yn y byd. Mae mam yn prynu hwde o bethau—bwndeli o foron, dau dalbo o eirin (bydd nhad wrth ei fodd) a phwysi o afalau, ac y mae'n talu amdanynt. Yna cawn ni'r plant eirin ac afal bob un gan Hugh Williams, heblaw bod y ffrwythau a brynodd mam yn llifo allan dros eu mesur. 'Yr hen frest yma ydy'r drwg, Catrin,' medd ef wrth mam. 'Hugh druan,' medd mam. Y mae'r byd yn llawn o bethau da ym mis Medi.

''D oes dim amser i wneud cinio iawn heddiw,' medd mam, ac wrthyf fi, 'Rhed i'r siop i nôl dwy owns o goffi.' Dof adre efo choffi hyfryd, newydd ei falu. Mae mam yn ei roi mewn jwg hir ac yn tywallt dŵr berwedig o'r tegell am ei ben a'i roi ar y pentan i gadw'n gynnes. Wrth ei ochr mae sosban a dŵr ynddi yn mudferwi. Mae'n rhoi lot o lefrith mewn jwg arall a rhoi'r jwg hwnnw i sefyll yn y sosban ddŵr poeth. Yna â ymlaen i ffrïo cig moch ac wyau. Erbyn y byddant hwy'n barod bydd y llefrith wedi cynhesu digon i'w roi am ben y coffi yn y cwpanau, a bydd y dynion wedi dŵad adre o'r chwarel. Mae'r cwbl yn dda.

*   *   *

Dyma'r diwrnod mwyaf stormus yn fy mywyd, gwynt a glaw na fu erioed eu math. Cawn ddyfod adre o'r ysgol yn gynnar. Mae mam yn bur anesmwyth, meddwl am nhad yn gweithio yn nannedd y creigiau. I mam, yn nannedd y creigiau mae nhad yn gweithio, pa un bynnag ai yn y sied ai yn y twll y bydd yn gweithio. A wir, heddiw mae ganddi achos i bryderu. Daw nhad adre a'i ben wedi ei lapio mewn cadachau gwynion. Daeth rhywun i'w ddanfon, ac ymhen tipyn daw'r meddyg i'w drin. Pan dynnwyd y rhwymynnau, yr oedd hollt fawr yn ei dalcen tua dwy fodfedd o hyd ac yn ddwfn iawn iawn, tua thri chwarter modfedd, 'r wy'n siŵr. Mae mam yn cael gwasgfa, peth anghynefin iawn iddi hi, ac yr ydym ninnau i gyd yn crïo. Mae wyneb nhad fel y galchen, ond y mae'n dal yn ddewr. Nid oes lun ar ein swper chwarel heno, ac mae'n well gan nhad gael paned o de cyn mynd i'w wely.

Yr oedd y gwynt mawr, nerthol wedi chwythu crawen a honno wedi hitio fy nhad yn ei dalcen pan oedd yn ei wal. Ond yr oedd gwaeth peth wedi digwydd yn y twll—yr oedd partner fy nhad, Wil Tom o Ben-y-groes, wedi ei anafu yn ddifrifol yn ei gefn. 'Mae wedi ei chael yn ofnadwy,' medd nhad, 'mae arna'i ofn y bydd yn gripil weddill 'i oes.'*

Wrth ddweud fy mhader, yr wyf yn gofyn am i nhad gael mendio. Yna yr wyf yn diolch na frifwyd ef fel ei bartner, William Thomas, ac na ddaeth adref ar drol fel William Michael.

*   *   *

Yr ydym i gyd yn chwarae siglen adenydd y tu ôl i'r tŷ yn y coed sydd wrth ymyl y gadlas. Mae Jane Cadwaladr, fy nghyfnither, sy'n byw yn Rhostryfan rŵan, wedi dŵad i fyny atom. Mae hi'n glws iawn, ei gwallt fel aur, ei chroen fel y lili a'i llygaid yn las fel rhai fy nain. Mae newydd golli ei mam ac y mae'n cael llawer o sylw. Mae rhaff y siglen wedi ei chlymu am ddwy goeden, a'n nôd yw hitio'r ffenestr bren sydd yn uchel ar dalcen y gadlas. Yr wyf wrth fy modd yn chwarae siglen, a gorau gennyf po bellaf yr af, oblegid rhydd yr ofn mentrus ias o bleser i lawr fy nghefn wrth imi ddal fy anadl. Mae Jane yn cael mynd ar y siglen yn amlach na mi ac mae arnaf wenwyn ohoni am ei bod yn cael y fath sylw. Pan ddaw fy nhro fi i fynd ar y siglen, mae fy mrawd a'm cyfnither yn rhoi sgwd sydyn imi, ac wrth imi geisio 'nelu am y cocyn hitio ar dalcen y gadlas, rhydd y rhaff dro a syrthiaf ar ben pentwr o lechi toi sydd ar lawr yn pwyso ar wal y gadlas. Yr wyf yn meddwl fy mod wedi brifo'n ofnadwy, a rhedaf i'r tŷ dan weiddi crïo. Mae mam yn tosturio mwy nag arfer ac yn rhoi te imi ar fy mhen fy hun, fel ffafr, cyn i'r lleill ddyfod i'r tŷ. Ond nid wyf wedi brifo llawer, ac mae fy ngwenwyn yn llai wedi i mam fy mhartïo.

*   *   *

* Fe wireddwyd hyn

Yr wyf gartref yn sâl, yn dechrau gwella ar ôl inffliwensa trwm. Daw ein cymdoges, a pherchennog ein tyddyn, Mary Jones, Bod Elen, i'r tŷ ac ôl crïo mawr arni. Mae ei brawd, Dafydd Thomas, Pen Rhos, wedi marw'n sydyn. Trawyd ef yn wael ar y ffordd i'r chwarel, aeth i orwedd i'r caban bwyta, a bu farw yno. Yr wyf yn drist iawn. Ef yw fy athro yn yr ysgol Sul, ac y mae'n athro da, yr wyf yn ei hoffi'n fawr. Mae'n gofyn cwestiynau a lot o waith meddwl arnynt.

Mae'r dosbarth i fod i fynd i'r cynhebrwng, ac mae mam yn pryderu a ddylwn i fynd a finnau heb orffen mendio. Ond y mae am fy lapio'n gynnes—tywydd oer dechrau'r flwyddyn yw hi. Mae'n mynd i brynu tomi-sianter du i mi, un rhad. Ond nid wyf yn ei hoffi cystal â'r un gwyn sy' gennyf eisoes. Nid yw'n edrych yn dda am fy mhen, mae fy ngwallt mor dywyll. Fel mae diwrnod y cynhebrwng yn agosáu yr wyf yn mynd yn gynhyrfus, a chaf ias o bleser wrth feddwl fy mod yn cael wynebu peth mor ddychrynllyd â marw, a marw un yr wyf yn ei adnabod mor dda. Yr wyf yn cael fy nghodi i ryw entrychion dieithr ac edrychaf ymlaen at y peth anghyffredin hwn. Mae'r canu ar lan y bedd yn gyrru cryndod braf i lawr fy nghefn. Biti na fuasem yn canu 'Bydd myrdd o ryfeddodau' a Dafydd Thomas yn dŵad yn fyw wedyn.

Ond ddydd Sul yr wyf yn ddigalon iawn wrth fynd i'r ysgol Sul a gwybod na fydd ein athro ddim yno. Yr oedd efo ni y Sul diwethaf.

*　　　*　　　*

Mae hi'n nos Sadwrn yn y gaeaf a mam wedi mynd i edrych am nain Pantcelyn. Yr ydym ni'r plant a nhad yn eistedd o gwmpas y tân yn ei disgwyl adref. Yr ydym wedi gwneud popeth y disgwylid inni ei wneud bron, megis dŵad â grug dechrau tân i'r tŷ, ac wedi dechrau hwylio swper, ond yr ydym wedi nogio ar y gwaith hwnnw am na wyddom yn iawn beth fydd y sgram a gawn, a bodlonwn ar osod y llestri ar y bwrdd yn unig a byw mewn gobaith. Gwna nhad y gobaith hwn yn esgus i beidio â thorri brechdan. Ond y gwir yw ein bod yn methu â dygymod â bod heb mam ar gyda'r nos fel hyn, ac yn syrffedu ar ein cwmni ein hunain. Mae nhad yn dechrau canu inni. 'Gelert, ci Llewelyn' yw ei hoff gân a'i unig gân. Mae'n ei chanu dan deimlad mawr, yn enwedig at y diwedd pan mae Llewelyn yn darganfod ei gamgymeriad, ac mae'r 'Achubaist di ei fywyd ef a lleddais innau di' yn hollti fy nghalon, a dim iws imi ddweud mai stori wneud ydyw hi, achos mae hi'n wir medd fy nhad. Nid yw'r gân yn codi llawer ar ein calonnau nac yn gwneud i'r amser fyned heibio yn gyflym. Ond dyna sŵn y drws yn agor a mam yn rhoi ei phen heibio i'r palis cyn ei gau fel petai hi mewn brys i weld ein bod yn iawn. Yr wyf wrth fy modd gweld ei hwyneb llwyd, glân a'i gwallt wedi ei gribo yn dynn, ac yr wyf yn anghofio popeth am Lewelyn a'i gi. Mi gawn swper a sgwrsio, achos yr ydym wedi cael ein 'molchi drostom' yn y badell fawr neithiwr. Ond mae mam yn edrych yn siomedig wrth ben y bwrdd, 'Hyn bach o hwylio swper sydd wedi bod,' medd hi, 'a finna bron â llwgu.' Yr ydym i gyd yn rhedeg i nôl y dorth a'r menyn ac y mae hithau yn cynhyrchu brôn o rywle, a chawn swper yn reit fuan. Nid oes neb yn gofyn sut mae nain, achos mae hi'n iach bob amser, ond mae ar nhad eisiau gwybod a glywodd hi ryw newydd. Na, nid oedd dim wedi digwydd yn unlle. Yr ydym yn mwynhau ein swper, ac yn eistedd am dipyn o flaen y tân wedyn a'n hwynebau yn gochion oddi wrth y gwres. Dechreuwn bendympian, mae Huwcyn wedi dyfod, ac wythnos ddiddigwydd arall wedi dyfod i'w therfyn. Ond cyn mynd i'n gwelyau mae mam yn dweud y cawn un gêm o 'Nadroedd ac Ysgolion' (yr ydym wedi blino ar 'Ludo' erbyn hyn). Mae nhad a mam yn chwarae efo ni. Mae nhad yn ennill ac wedi cyrraedd y top o flaen neb. Yn fanno mae neidr fawr a'i cheg yn barod am y dis. Ysgwn i fedr nhad osgoi ei cheg. Na fedr. Mae'r dis arni a nhad druan yn gorfod mynd reit i'r gwaelod. Dyna esgus iawn dros gael gêm arall, er mwyn i nhad gael gwell lwc y tro nesaf.

*   *   *

Mae hi'n fore poeth ym mis Gorffennaf, diwrnod cario gwair. Bydd nhad a ffrindiau o'r chwarel yn dyfod adre' tua hanner dydd, ac mae tipyn o gymdogion wedi dŵad yn barod ac wedi dechrau troi'r gwair. Yr wyf yn clywed sŵn y cribiniau yn mynd yr un amser â'i gilydd i gyd a'r gwair yn gwneud sŵn fel papur sidan. Cyn mynd allan i'r cae yr wyf yn mynd i'r tŷ llaeth unwaith eto i gael sbêc ar y danteithion. Mae rhesiad hir o ddysglau cochion ar y bwrdd yn llawn o bwdin reis a digonedd o wyau ynddo, ac wyneb y pwdin yn felyn ac yn llyfn fel brest y caneri sydd yn ei gats wrth ben y bwrdd. Mae ei oglau a'i olwg yn tynnu dŵr o'm dannedd. Yr wyf yn meddwl tybed a fydd digon i bawb. Nid ydym i fod i ofyn am ragor o flaen pobl ddiarth. Wedi mynd i'r cae yr wyf yn treio troi efo chribin, ond mae'r gribin yn rhy fawr, ac mae fy nhroad yn flêr. Mae breichiau'r merched i gyd yr un fath ac yn symud efo'i gilydd, ac y maent yn mynd i lawr ac i lawr i waelod y cae cyn troi a dyfod i fyny ac i fyny wedyn, yr un fath a'r un amser â'r un sŵn dyd-dyd o hyd. Yr wyf yn eistedd ar ben y wal yn ymyl y coed llus ac yn edrych arnynt. Yn sydyn, dyma boen. Yr wyf yn cofio am llynedd. Bore fel hwn yn union, bore cario gwair, a'r llo yn cael ei gymryd yn sâl ac yn marw cyn i nhad gyrraedd adref o'r chwarel. Yr oedd mam wedi treio pob dim, wedi rhoi llefrith cynnes iddo, ac wedi gyrru am John Jones y Gaerwen, ond marw wnaeth o, a mam yn crïo. Sôn am y golled yr oedd hi, yr oedd o'n llo mawr, nobl. Meddwl am y llo druan yn marw mewn beudy tywyll yr oeddwn i a ninnau yn cael hwyl a chadw reiat yn y gwair. Ond llo rhy fawr oedd o, meddai pawb, a'i fam hefyd, yn rhy rywiog i dir mynydd. Byddai'n rhaid gwerthu ei fam. Ond nid oes gennym lo bach eleni.

Yr ydym wedi cael cinio ac y mae'r cario yn dechrau o ddifri, a phawb wrthi yn gwneud y gwair a drowyd y bore yn rhenciau. Daw trol Tŷ Hen yma, ac mae'r dynion a rhai o'r merched yn codi'r gwair efo phicwych i'r drol. Mae fy mrodyr yn cael cario beichiau ar eu pennau a barclod gwyn am ben pob un: maent fel y proffwydi yn y Beibl lluniau. Mae'r plant lleiaf yn cael mynd ar ben y drol. Mae'r das yn mynd yn uwch ac yn uwch, ac yr wyf fi a'r plant eraill yn cael mynd ar ei phen i ddawnsio arni er mwyn iddi fynd i lawr a chael lle i ragor o wair. Yr ydym bron yn ymyl y to, ac mae'r byd i lawr odanom. Er ein bod yn dawnsio ar y gwair, a'r dynion yn siarad, mae hi'n ddistaw iawn ar ben y das. Mae hi fel nos Sul y Cymun yn y capel. Edrychwn draw ar y drol yn dŵad, a chynhinion o wair yn hongian ar ei hochrau, yr un fath â'm gwallt i pan fydd o'n fler. Yr ydym reit wrth y to a bron â mygu, ond dyma'r llwyth olaf. Awn i lawr yr ysgol a theimlo gollyngdod. Mae'r dynion a'r merched yn dŵad trwy'r adwy tuag at y tŷ i gael te ac y maent yn cael hwyl

fawr. Mae fy mrodyr yn dweud wrthyf, cyn inni fynd i'r
tŷ, fy mod wedi colli hwyl wrth fod ar ben y das. Yr oedd
hi wedi bod yn ddadl fawr yn y cae ar y ffordd orau i gario
gwair, a J.J., a oedd wedi bod yn y Mericia am sbel, yn
dweud o hyd ac o hyd, 'Fel hyn y byddem ni'n gwneud
yn y States.' 'Gwrandwch chi ar y Statesman,' meddai K.J.,
gwraig lib ei thafod. A meddai J.J. wrth y wraig, 'A
gwrandwch i gyd ar yr Herald Gymraeg.'

Mae'r gwair i gyd yn y gadlas a daw 'oglau da oddi
wrtho i'r tŷ. Mae pawb wedi mynd adre ac yr ydym yn
eistedd yn y gwres tu allan i'r drws. Fe gawsom sbâr y
tyniau ffrwythau i swper. Mae'r haul fel pellen o dân
coch yn mynd i lawr dros Sir Fôn. Mae'n anodd mynd i'r
tŷ. 'Diolch byth,' medd mam, 'mae'r gwair i gyd i mewn
am 'leni eto.' 'A gwair siort ora,' medd nhad.

*   *   *

Mae mam a'r hogiau a finnau yn mynd i Fryn Ffynnon,
tŷ taid a nain, i gario gwair. Yr ydym yn dringo ac yn
dringo nes cyrraedd Pen 'Rallt Fawr. Yr ydym yn stopio
ac yn edrych yn ôl. Mae mwy o Sir Fôn i'w weld nag o'n
tŷ ni. Yr ydym yn gweld reit at Bont y Borth, ond yn
gweld peth arall na fedrwn byth ei weld o'n tŷ ni—y Lôn
Wen, sy'n mynd dros Foel Smatho i'r Waunfawr ac i'r
Nefoedd. Mae hi'n mynd rhwng y grug ac yn cyrraedd
llidiart y mynydd cyn disgyn i Alltgoed Mawr. Ni welwn
hi wedyn. Mae llawer iawn o bobl yn y cae gwair a llawer
o blant, fy nghefnder a'm cyfnitherod, ac ni chawn fynd
ar ben y das wair. Nid ydym yn neb yn y cario gwair yma,
ac nid oes neb yn cymryd sylw ohonom. Mae'r genod yn
mynd hyd y cloddiau i hel llus. Cymeraf fi flewyn a rhoi'r
llus arno fel myclis. Wedi ei lenwi, rhof un pen yn fy

ngheg a bwyta'r llus nes mae fy ngwefusau'n biws. Mae'r
blewyn yn rasbio fy nhafod.

Mae'r bobl yn dechrau mynd i'r tŷ i gael te, ac mae
arnaf eisiau bwyd. Maent yn hir iawn, ac mae byrddaid
arall yn mynd. Yr wyf yn sylwi ar y gwair, mae'n
deneuach na'n gwair ni ac mae'r gwynt yn ei chwythu.
Rhaid iddynt frysio neu mi fydd wedi ei chwythu i'r
mynydd. Toc mae galwad i'r plant fynd i nôl te: mae'r tŷ
yn dywyll ar ôl bod yn yr haul.

Mae tegell mawr haearn yn canu ar y pentan ac mae
goleuni yn dyfod i lawr drwy'r simnai. Mae dau fwrdd, a
llieiniau gwyn, glân wedi eu startsio arnynt, un sgwâr ar
ganol y llawr ac un crwn yn y gornel o dan y cwpwrdd
cornel. Mae dwy sêt fel sêt capel o gwmpas y bwrdd crwn
ac yr wyf yn ei gwneud hi am le wrth y bwrdd yma o
flaen pawb, ac yn gwybod ynof fy hun fy mod yn ddiawl
bach. Mae nain yn dal ac yn mynd reit at ymyl y cloc i
weld beth yw hi o'r gloch, ac mae'n ymbalfalu am yr efail
siwgr wrth roi siwgr yn y cwpanau. Mae ei golwg yn
ddrwg, ac mae'n edrych wedi blino. Mae ganddi deisen
ar blât sy'n well na dim teisen a gefais erioed. Rhwng y
crwst mae cwstard ŵy a chyrraints a chandi lemon. Dim
ond nain Bryn Ffynnon sy'n gwneud y deisen yma. Yr
ydym yn bwyta lot. 'Dyna chi rŵan, y mhlant i,' medd
nain wedi inni orffen. Nid wyf yn gweld nain yr un fath
yng nghanol fflyd o blant fel hyn, mae hi fel dynes
ddiarth wrth ben plant yn yr ysgol. Rhyw ddiwrnod mi
ddof i fyny ar fy mhen fy hun a chael te bach efo nain o
dan y simdde fawr, ac mi gaf gyfleth ganddi, a hanesion
am ers talwm. Mae hi wedi gweithio'n galed heddiw.

*   *   *

Un diwrnod yr wyf yn agor drws y cwpwrdd gwydr, a dyma'r gath yn neidio allan heibio i mi fel mellten ac yn rhedeg yn union yr un fath â'r dywediad 'cath i gythraul'. Methaf ddeall sut yr aeth i'r cwpwrdd; ni wnaeth hyn erioed o'r blaen. Rhaid bod rhywun wedi agor drws y cwpwrdd, a hithau wedi mynd i mewn a rhywun wedi ei gau heb wybod ei bod yno. Mae rhywbeth yn fy mhlycio; agoraf ddrws yr ochr chwith i weld sut mae fy het. Ac O! olygfa. Mae fy het orau, grand wedi ei difetha. Mae'r gath wedi bod yn gorwedd arni, a gwaeth na hynny. Yr wyf bron â thorri fy nghalon. Het Leghorn oedd hi, a gwelltyn ysgafn fel ruban cul wedi ei blygu'n ddwbl o gwmpas ei hymyl. Yr oedd wedi ei thrimio efo ruban llydan, symudliw o felynion gwahanol. Daw mam i'r tŷ a gweld yr alanas.

'Yr hen gnawes iddi,' medd mam am y gath.

'Naci,' meddaf innau, 'beth tasa rhywun wedi'ch cau chi mewn cwpwrdd am oriau.' Mae mam yn chwerthin dros bob man ac yn dweud, 'Hitia befo, dim ond het ydy hi; mi geith Jane fynd i'r dre i brynu un arall iti.'

Y mae fy hanner chwaer gartref am dro ar y pryd. Yr wyf yn cael het newydd, un wen efo phluen ynddi, ond nid wyf yn ei hoffi, ac fe wnâi'r tro yn iawn i rywun deugain oed. Ond treiaf edrych fel pe bawn yn ei hoffi. Ni waeth imi heb na dangos fy siom, neu mi rydd rhywun drwyn y gath mewn pupur. Fel yna mae hi, rhaid i rywun guddio un peth er mwyn osgoi peth arall.

*　　　*　　　*

Mae pryder mawr wedi dyfod i'n tŷ ni, y mae'n gorwedd dros bob dim ac wedi gafael ymhob un ohonom. Mae Dafydd, fy mrawd ieuengaf, sy'n ugain mis oed, yn sâl iawn dan yr infflimesion. Mae'r doctor wedi bod ac yn dweud ei fod mewn perygl mawr. Mae tân yn y siambar, tecell tun yn berwi arno ac anger yn mynd ohono i gyfeiriad y gwely. Mae arnaf ofn mynd i'r siambar i weld Dafydd, ond yr wyf yn medru gweld y tecell a'r anger. Mae'r tŷ hefyd fel petai'n berwi, a phawb yn methu gwybod beth i'w wneud. Toc, dyma ddweud wrthyf fi am fynd i nôl dŵr soda i siop ym Mhen y Ffridd. Mae hi'n naw o'r gloch y nos, ac er bod lleuad llawn, mae arnaf ofn. Nid ofn bwgan, ond ofn, ofn i rywbeth ddigwydd, ofn na chaf y dŵr soda, ofn yn llenwi'r ffordd a'r nos, fel yr oedd yn llenwi'r tŷ gynnau. Yr wyf yn treio rhedeg i goncro'r ofn, ond mae fy nhraed fel petaent yn mynd yn ôl yn lle ymlaen. Yr wyf yn cyrraedd pant Pen Rhos, ac yno yn y cae, ar y chwith imi, mae rhes o ysbrydion mewn dillad gwynion yn gafael yn nwylo'i gilydd. Safaf yn stond, ac mae fy nghalon wedi sefyll. Yr wyf bron â mygu. Ni allaf byth eu pasio ac y mae'n rhaid imi gael y dŵr soda. Yr wyf bron â throi'n ôl i ofyn i rywun arall fynd, ond mi gollwn lot o amser, ac mae eisiau'r dŵr soda ar unwaith. Beth petai Dafydd bach yn marw am fy mod i wedi bod yn hir? Yr wyf yn gafael yn fy ngwddw ac yn treio symud. Mae fy nghoesau'n teimlo fel petaent am grychu i'w gilydd fel consertina, ond dyma fi'n symud un troed ac yn symud y llall a gweld fy mod yn medru rhedeg. Wedi mynd ychydig o lathenni, yr wyf yn mentro edrych yn ôl i weld cefnau'r ysbrydion. Cefnau glas sy' ganddynt, ac wrth gwrs, rhes o bileri llechi ydynt wedi eu clymu wrth ei gilydd efo weiren. Y lleuad yn disgleirio arnynt oedd wedi eu gwneud yn ysbrydion. Caf y dŵr soda, ac nid oes arnaf ofn mynd adre. Mae'r feddyginiaeth gennyf a'r ysbrydion wedi diflannu.

*   *   *

Yr ydym, griw ohonom, yn cerdded ar hyd y Lôn Wen gyda'r nos ym mis Ebrill: mynd yr ydym i bractis côr plant i gapel bach Alltgoed Mawr. Mae'r hogiau yn cychwyn coelcerthi yn y grug ar ochr y ffordd ac yn tagu wrth fynd yn rhy agos atynt. Mae oglau mwg arnom yn cyrraedd y capel. Yno yn ein disgwyl mae'r arweinydd a phlant yr Alltgoed Mawr, plant o'r un teulu bron i gyd. Plant Jac yr Hen Gyrn yr ydym yn eu galw. John Evans, un o deulu'r Cyrnant, yw eu tad— felly *Gyrn* yr un fath ag *yn* yw'r gair. Hwy yw'r ail sopranos: byddant hwy'n dyfod atom ni weithiau a ninnau'n mynd atynt hwy dro arall, yr un fath â heno. Maent i gyd yr un fath â'i gilydd, gwallt cyrliog, du gan bob un ohonynt, a llygaid duon fel eirin. Maent yn canu ddigon o ryfeddod, ac mae'r arweinydd yn edliw i ni blant Rhosgadfan gymaint gwell yw plant yr Alltgoed Mawr.

'Jeriwsalem fy nghartref gwiw' yr ydym yn ei ganu, 'cartrefle Duw a'r Oen'. Yr ydym wrth ein bodd yn gweiddi,

'Bryd, bryd, caf fi orffwys ynddi hi, Yn ia-a-a-ch, etc.'

Yr ydym yn dallt y geiriau yn iawn, ond nid ydym yn meddwl am farw o gwbl. Mae pawb yn rhuthro allan o'r capel wedi inni orffen, ond yr wyf fi'n loetran er mwyn cael edrych ar y plant tlysion, pryd tywyll yma. Mi hoffwn gael siarad efo hwy, ond yr wyf yn rhy swil a rhedaf ar ôl y lleill.

Wedi cyrraedd y Lôn Wen eto, clywn oglau'r coelcerthi sydd wedi diffodd erbyn hyn a gadael clytiau duon yn y grug, ac ymylau gwynion iddynt. Mae ymylau gwynion o raean i'r lôn hefyd. Mae'r oglau yn ein dilyn, a ninnau'n canu,

'Bryd, bryd, caf fi orffwys ynddi hi?'

Mae'r arweinydd ymhell ar ôl. Mae bron wedi gorffen

tywyllu erbyn hyn, ond bod Afon Menai yn rhimyn golau rhwng tywyllwch Sir Fôn a'n sir ni, a goleuadau Caernarfon yn wincio. Yna, mae un o'r hogiau mwyaf yn dechrau llibindio'r genod a rhedeg ar ein holau. Nid wyf fi'n licio'r hogyn yma o gwbl, a phan mae'n treio gafael ynof fi rhof wth iddo a rhedeg am fy mywyd. Mae'n gweiddi rhywbeth sbeitlyd ar fy ôl, fy mod i'n meddwl mod i'n well nag o, ac yn rhy lartsh i gadw reiat. Ni chymeraf sylw ohono ond dal i redeg. Nid wyf am fynd i'r practis pan fydd yn yr Alltgoed Mawr eto, a gwn rŵan pam nad yw mam yn hidio rhyw lawer am inni fynd cyn belled. Yr wyf yn teimlo yr un fath â phe bawn wedi yfed dŵr wermod. Mae arnaf eisiau aros wrth y genod sy'n ffrindiau efo mi, ond mae arnaf ofn y byddant hwythau'n cael hwyl am fy mhen. Fiw imi ddweud gartref pam yr wyf wedi cyrraedd o flaen y lleill. Rhaid imi lunio rhyw stori. Yr oedd hi mor braf pan gerddem dros y mynydd ddwyawr yn ôl.

*   *   *

Yr wyf yn aflonydd, yn anfodlon, yn symud o gadair i gadair, o un gongl i'r bwrdd i'r llall. Ni allaf ddysgu. Yr wyf yn bymtheg oed ac yn yr Ysgol Sir, ac yn ceisio dysgu'r bedwaredd bennod ar ddeg o'r Hyfforddwr ar gyfer cael fy nerbyn. Mae ein gweinidog wedi dweud wrthym peth mor ddifrifol ydyw, ac yr wyf yn teimlo hynny. Mae cyfrannu o'r Cymun cyntaf yn pwyso arnaf. Yr wyf yn mynd i fyd newydd, byd difrif, di-chwarae; ni chaf hitio marblis ar y lôn eto, na chwarae london, na rhedeg ras wrth y pwll trochi defaid. Bydd fy sgert yn is a'm gwallt yn uwch ar fy mhen. Ni chaf ddweud fy adnod na phennau'r pregethau efo'r plant lleiaf yn y seiat byth eto. Bydd yn rhaid imi gymryd pethau o ddifrif. Ond y munud yma y bennod sydd yn fy mhoeni, ni allaf ei rhoi ar fy nghof. Nid yw'r geiriau yn mynd oddi ar y tudalen i'm meddwl, ac y maent yn codi ofn arnaf. 'Canys yr hwn sydd yn bwyta ac yn yfed yn annheilwng, sydd yn bwyta ac yn yfed barnedigaeth iddo ei hun, heb iawn farnu corff yr Arglwydd.' Pum mlynedd yn ôl buaswn yn dysgu hwnna fel ruban ac yn ei gofio heb ei ddeall na meddwl amdano. Ond heddiw, yr wyf yn deall y gair 'annheilwng', ac y mae yn fy mhigo yn rhywle. Nid wyf yn hapus. Ceisiaf wneud esgus drosof fi fy hun, fod gennyf lawer o waith dysgu yn yr ysgol. Ond efallai wrth ddechrau meddwl am bethau, nad wyf yn gallu cofio cystal. Rhof un cynnig arni eto, ond ni allaf ddysgu. Af ar ben y bwrdd ac eistedd arno a'm coesau wedi eu croesi fel teiliwr. Mae'n well fel hyn, a dechreua'r geiriau fyned i'r cof. Ond ni fydd pethau yr un fath. Yr wyf yn peidio â bod yn blentyn ac yn dechrau mynd yn ddynes. Mae'n deimlad ofnadwy fod unrhyw beth yn peidio â bod am byth.

2

FY ARDAL

Mae pentref Rhosgadfan, lle y ganed fi, ryw bedair milltir i'r de-ddwyrain o dref Caernarfon. Pentref gweddol ifanc ydyw, rhyw ymestyniad o bentref Rhostryfan, sydd filltir yn nes i'r dref. Nid oes dafarn nac eglwys yno, dau beth sy'n rhoi argraff henaint ar bentref. Mae pentref Rhostryfan dipyn yn hŷn, mae yno eglwys, eglwys braidd yn ifanc mae'n wir, yn ôl fel y mae oed eglwysi. Ond mae yn Rhostryfan heddiw bobl sy'n gallu olrhain eu tras i hen deuluoedd a fu'n byw yno er o leiaf ddau can mlynedd, megis teuluoedd y Gaerwen a Chae Haidd. Credaf fod llai na chan mlynedd er pan alwyd ein pentref ni yn Rhosgadfan, ac i bobl o'r tu allan, ardal Rhostryfan oedd y cwbl. Rhywdro o gwmpas 1880, dywedodd y Parchedig Robert Owen, y Rhyl (Apostol y Plant), mewn llythyr, mai yn Rhos-y-gadfa y buasai'n pregethu y tro olaf. Mae tŷ o'r enw Rhosgadfan yn y pentref, tŷ hen iawn, a digon posibl mai ar ôl enw'r tŷ y galwyd y pentref, er na ellir bod yn ddigon sicr o hynny.

Ar lechwedd bryniau Moeltryfan a Moel Smatho y gorwedd yr ardal, a thu hwnt i'r ddau fryn yma y mae Mynyddmawr (ynganer fel un gair a'r acen ar y sillaf olaf ond un), yr eliffant hwnnw o fynydd sydd a'i drwnc yn y Rhyd-ddu. Tu hwnt i hynny mae'r Wyddfa. Ar y chwith, rhyw bymtheng milltir i ffwrdd, ymestyn yr Eifl i'r môr. Ar y dde, rhed y gwastadedd i gyfeiriad Bangor ac ymdoddi'n un â Sir Fôn, i'r llygad beth bynnag. O'n blaenau mae Môr Iwerydd, Afon Menai a Sir Fôn, ac yn nes atom na hynny, Traeth y Foryd, Dinas Dinlle a thref

Gaernarfon, a phant o dir rhyngom a hwy. Ar ddyddiau clir gellir gweled bryniau Iwerddon.

Ar dir comin y codwyd pentref Rhosgadfan, a phan ddechreuodd pobl weithio yn y chwareli, caeasant ddarnau o'r comin i mewn i adeiladu eu tai, y cabanau unnos, i fyw ynddynt. Gan Arglwydd Niwbro yr oedd yr hawl ar y tir hwn, ac yn y flwyddyn 1826, apeliodd ef ac eraill am ddeddf i gau'r tir, a'r chwarelwyr wrth olau lleuad yn adeiladu eu cabanau unnos, gan gredu (yn anghywir) os caent fwg drwy'r corn cyn i neb eu dal, eu bod yn ddiogel rhag y gyfraith. Dywed yr Athro Dodd yn ei lyfr, *The Industrial Revolution in North Wales*, fod yna gymdeithas o bobl a 140 o dai a thri chapel yn Rhostryfan erbyn y flwyddyn 1826. Mae'n sicr gennyf mai sôn am y tyddynnod bychain, 'lle i gadw buwch' a ddygwyd o'r comin, a wna'r Athro, ac nid am y ffermydd hŷn a oedd yn Rhostryfan. Yn ôl Mr W Gilbert Williams, a 'sgrifennodd hanes hen deuluoedd plwyf Llanwnda, yr oedd ffermydd go dda yn Rhostryfan ymhell cyn 1826. Digon tebyg y cyfrifid rhai o dai cyntaf Rhosgadfan ymhlith y saith ugain tŷ yma, a hefyd yr hen dai ar ochr Moeltryfan sy'n wynebu ardal Bron y Foel (Cesarea heddiw), oblegid o'r cyfeiriad hwnnw, o Ddyffryn Nantlle ac o Lŷn, y symudai llawer o bobl i weithio i'r chwareli.

Ni wn pa mor isel i lawr y cyrhaeddai'r comin, ond hyd ychydig ar ôl y Rhyfel Byd Cyntaf, yr oedd llidiart ar draws y ffordd, rhwng Rhostryfan a Rhosgadfan, a elwid y Llidiart Coch, i gadw'r defaid rhag crwydro i lawr o'r mynydd. Am y tai, tai bychain iawn oeddynt, tai unllawr o gegin, tŷ llaeth neu gilan, dwy siambar a thaflod. Mae ambell un yno heddiw heb lawer o wahaniaeth rhyngddynt a'r pryd yr adeiladwyd hwynt.

Ar y cychwyn, traed y gwelyau wenscot oedd y pared rhwng y siambar a'r gegin, ond newidiwyd hynny a gwneud pared o goed neu o gerrig. Simdde fawr a oedd iddynt a'i lled yn ddigon helaeth i gadair freichiau. Nid wyf fi'n ddigon hen i gofio'r lle tân hen ffasiwn na'r llawr pridd, ond gadawsid y twll mawn o dan y simdde fawr yn fy hen gartref i heb ei orchuddio, ac yr oedd yn lle hwylus i eirio dillad. Erbyn fy amser i yr oedd grat a phopty bach ar un ochr iddo, a boiler a feis i dwymo dŵr poeth ar yr ochr arall. Wrth ochr y boiler yr oedd popty mawr a ymestynnai gryn lathen neu ragor i'r wal, a lle i roi tân odano. Âi cryn dipyn o lo i dwymo'r popty, ond wedyn gellid rhoi nifer da o fara i mewn, ac wedi i'r popty dwymo, ni fyddai eisiau llawer o lo arno wedyn. Erbyn hyn mae'r poptái yma wedi diflannu o lawer o'r tai, a gratiau ffasiwn newydd wedi eu dodi yn eu lle, ac ni chrasa fawr neb fara cartref.

Chwareli a roes fod i'r ardal, chwareli bychain o'u cymharu â rhai Bethesda, Llanberis a Ffestiniog. Mae'r chwareli bychain hyn yn ymestyn o Ddyffryn Nantlle hyd Ryd-ddu. Gwn am un llyfr sy'n rhoi hanes y chwareli yma yn weddol fanwl, ond ni allaf ddweud a ydyw ei ffeithiau'n gywir ai peidio. Cafodd y llyfr ei wobrwyo yng Nghylchwyl Lenyddol Rhostryfan yn 1889. Mr John Griffith, Bodgadfan, Rhosgadfan, goruchwyliwr ar un o'r chwareli, oedd yr awdur, ac ychydig flynyddoedd yn ôl cyhoeddwyd ef gan Mr John Thomas, Kendal, brodor o Rostryfan. Cychwynnwyd gweithio'r rhan fwyaf o'r chwareli gan nifer bychan o ddynion a dalai swm bychan o arian am y tir, a chael les arno. Er i mi chwilio llawer i'r mater, nid wyf yn hollol sicr i bwy y telid y rhent am y tir bob amser. Dywed John Griffith mai i'r meistr tir y talai rhai, a bod y meistr tir yn fwy hoff o osod y tir i'w denantiaid na neb arall. Credaf imi glywed hefyd fod rhai yn talu am yr hawl i'r Goron. Modd bynnag, byddai'r gweithwyr hyn yn gweithio'r llechi, yn eu hanfon i ffwrdd ar y cychwyn mewn cewyll ar gefn mulod i Draeth y Foryd. ac oddi yno i Borthmadog a lleoedd eraill, a'u hanfon wedyn mewn llongau i wledydd eraill. Rhannu'r elw y byddai'r chwarelwyr, a chredaf mai dyma ddechrau'r dywediad, 'gweithio ar y cyd'. Yn ddiweddarach fe osodwyd y chwareli i bobl a chanddynt fwy o arian i'w gweithio mewn dulliau gwell: ac efallai i ddynion a allai dalu mwy am y tir. Erbyn yr amser y dechreuodd fy nhad weithio yn y chwarel, tua 1861, yr oedd gweithio ar y cyd wedi hen orffen, a pherchenogion cefnog yn gweithio'r chwareli.

Mae arnaf flys yn y fan yma roddi enghreifftiau o dermau'r chwarel a geir yn llyfr John Griffith : 'cymerwr', 'llygaid glanach o dan y gwythiennau', 'y graig yn llawn o doriadau', 'y sidan coch', 'traed gwastad', 'cerrig budron'. Sut y buasai neb yn cyfieithu hwn i'r Saesneg? Prif fai y lle oedd tipyn o grychod a gwniadau â brig trwm. Yr oedd bonau gwastad yn yr ochr orllewinol wrth agosáu at y wenithfaen, a oedd yn yr ochr honno, ond yr oedd rhyw lwgr rhyfedd yn eu canlyn; byddai o un i dair modfedd o fordor bwdr yn canlyn y bôn, fel na thalai yn fantais i hollti y clwt lle y byddai. Galwai'r chwarelwyr ef yn 'rhew'. Haws fyddai i chwarelwr esbonio hwnyna na'i gyfieithu.

O chwareli Dyffryn Nantlle, dywedir mai'r Cilgwyn yw'r hynaf. Rhydd John Griffith y traddodiad ddarfod i Edward I aros mewn tŷ a elwid 'Nantlle', ar waelod y Nant, ger Baladeulyn, a dywed mai o'r Cilgwyn y cafwyd llechi i doi'r tŷ hwn. Eithr dywed yr awdur nad llechi fel y rhai a geir heddiw oedd y rhai hyn, eithr llechi y gellid eu tynnu o'r pridd bron â'r dwylo. Darllenais innau yn rhywle mai llechi o'r Cilgwyn a roed ar Eglwys Llanelwy dri chan mlynedd yn ôl. Mae hyn o ddiddordeb i mi, oblegid yn chwarel y Cilgwyn y bu fy nhad yn gweithio am saith mlynedd a deugain.

Yr oedd gan lawer o'r chwarelwyr fymryn o dir gyda'i dŷ, digon i gadw rhyw ddwy neu dair buwch a dau fochyn. 'Tŷ moel' y gelwid tŷ heb dir wrtho. Fel y gellid disgwyl, tir sâl oedd y tir a gaewyd o'r mynydd, ac nid oedd pwyllgor amaethyddol i roddi benthyg peiriannau i'w drin y pryd hynny. Saethid y cerrig o'r tir, gwaith cynefin i chwarelwr, ac mae'n bur bosibl ddarfod defnyddio'r cerrig hyn i ail adeiladu'r tai ar ôl y rhuthr cyntaf i gael y mwg drwy'r corn. Caib a rhaw wedyn, a thraed i sathru'r tyllau. Cloddiau pridd oedd y cloddiau rhwng y caeau a'i gilydd, ond rhwng y caeau a'r ffyrdd, waliau cerrig. Yn yr haf pan geid llus, grug ac eithin ar y cloddiau pridd, yr oeddynt yn hardd iawn. Yr oedd yn rhaid dal i diltran a thrin y tir gwael hwn, neu buan iawn y troai'n ôl yn gors o frwyn. Gwaith caled oedd hyn i'r tyddynwyr cyntaf, pan weithient yn y chwarel o olau i olau, a phan fyddai'n rhaid iddynt gychwyn i'r chwarel tua phedwar y bore ar y Sadwrn, eu hanner dydd gŵyl. Nid oedd lawer o fantais ariannol o gadw tyddyn, gan fod bwyd anifail mor ddrud, ond fe gaem ddigon o fenyn, wyau, a llaeth enwyn; a llaeth enwyn rhagorol ydoedd, gan na wahenid yr hufen oddi wrth y llefrith y pryd hynny. Yr oeddem ni'n saith o deulu a thorrai fy mam bwys o fenyn bob dydd. Byddai ganddi ryw un neu ddau gwsmer o deuluoedd bychain i brynu gweddill y menyn. Rhoddai hi ddwy owns ar bymtheg ymhob pwys, gan ei fod yn mynd yn llai wrth ei gadw, meddai hi. Gwerthai pawb laeth enwyn yn ôl wyth chwart am geiniog, pedwar chwart am ddimai. Ffurf yn unig oedd hyn, gan na ddeuai pobl i'w nôl heb gael talu rhywbeth. Pentref amlwg, digysgod oedd Rhosgadfan, y mynyddoedd i'r de inni a'r môr i'r gogledd. Wynebem wynt y Gogledd a gwynt y Gorllewin; yr oeddem o fewn tair milltir i'r môr, yn ddigon agos i'w heli lynu yn ein ffenestri pan chwythai o'r cyfeiriad hwnnw. Caem fwy o eira na'r lleoedd rhyngom â'r môr, a chryfach glaw a gwynt. Gwynt oer a daear lwyd yn y gaeaf. Disgrifiais yn *Traed mewn Cyffion* gyflwr llaith y tai. Cofiaf fel y byddai fy nhad yn mynd i ocsiynau i brynu hen welyau wenscot, er mwyn cael y coed i goedio muriau'r tŷ llaeth a'r siambar gefn, a mam yn gwneud cwrlidau o hen ddefnyddiau i'w rhoi ar y gwelyau pan fyddai'n rhewi ac yn barugo, pan syrthiai'r diferynnau o'r nenfwd ar y gwely; byddai'n well gennym law na rhew. Ni ddeuai'r glaw hyd atom beth bynnag. Ond yr oedd gennym gegin fawr, gysurus, a digon o dân bob amser. Efallai mai dyna paham, yn hollol anymwybodol, yr wyf wedi sôn cymaint o bryd i'w gilydd am gysur aelwyd. Eto i gyd, byddai'n hyfryd iawn yn yr haf; ni cheir gwell golygfa o unman nag a geir o'r llechweddau hyn. Pentref hyll yw'r pentref ei hun, er na feddyliem ni am bethau felly pan oeddem yn blant, ac ni fyddai arnom byth eisiau ei adael. Nid i'r dref y byddai ein tynfa, eithr i'r mynydd ac ar draws y llechweddau. Hel grug i'w roi dan y das yn yr haf, hel llus a gruglus, tynnu llathenni o gorn carw o'r grug ac addurno ein pennau ag ef. Hel nythod cornchwiglod y byddai'r bechgyn, pysgota yn y ffrydiau, dal silidons a dal adar. Mae enwau'r tai yn dystion i'r tir a'r tywydd. Y Manllwyd, Glan y Gors, Cae'r Gors, Y Gors, Y Gors Goch, Hafod y Rhos, Bryn Crin, Pen y Ffridd, Tŷ'n y Fawnog, Bryn y Gwynt, Y Gors Dafarn. Byddaf yn gweld rŵan ryw hen lyn yn y gors o dan gapel y Foel, wedi rhewi'n gorn yn y gaeaf, ambell dusw o frwyn ar ei wyneb, y gwynt wedi chwythu graean drosto, a chlywaf yr un gwynt yn chwibanu drwy'r brwyn. Pan ddarllenais *Wuthering Heights* gyntaf, am fy mro enedigol y meddyliais yn syth. Ond os digwyddwch fod yng Nghaernarfon ar gyda'r nos o haf, ac edrych i'r bryniau drwy'r bwlch sydd rhwng y Post a'r Cei, fe welwch yr haul wrth fachlud yn taro ar ffenestri'r llechwedd a'u troi yn 'Ffenestri Aur' mewn gwirionedd.

3

DIWYLLIANT A CHYMDEITHAS

Clywir llawer iawn o sôn am y gymdeithas glos a oedd yn bod ar un adeg yng Nghymru. Ni allaf siarad ond am fy ardal fy hun, ac yr oedd y gymdeithas yno yn glos ac yn ymddibynnol. Un peth sy'n gwneud cymdeithas yn glos ydyw ei bod yn aros yn ei hunfan o genhedlaeth i genhedlaeth heb grwydro. Rhaid i ddynion gael diddanwch, ac yr oedd diddanwch pobl ddigrwydro y naill yn y llall. Nid awn i dai ein gilydd cyn amled heddiw am fod gennym bethau o'r tu allan i ni ein hunain i'n diddanu. Mae'n debyg hefyd fod dynion na allai ddarllen yn myned yn amlach i dai ei gilydd na'r rhai a fedrai ddarllen. Mae llyfr yn beth sy'n eich cadw ar eich aelwyd eich hun, ac mae'n debyg fod dyfod llyfrau yn ddechrau bywyd anghymdeithasol.

Credaf fod chwarelwyr fy hen ardal i yn ddibynnol iawn ar ei gilydd. Ar gymwynasgarwch yr oeddem yn byw. Y tyddynnwr a chanddo drol yn rhoi ei benthyg i gario gwair a theilo i'r un nad oedd ganddo un. Chwarelwr yn colli hanner diwrnod o waith i fynd i helpu chwarelwr arall i gario gwair. Colli hanner diwrnod i fynd i gladdu cymydog. Gwneud cyngerdd neu ddarlith i ddyn a gollasai ei anifail neu ei waith trwy waeledd am amser hir. Daeth y bobl yma o leoedd eraill i dir gwyryf sâl ei ansawdd. Yr oeddent yn gynefin â thir gwell cyn hynny. Gallech eu cymharu bron ag ymfudwyr Prydeinig i'r trefedigaethau. Felly yr oedd yn rhaid iddynt ymddibynnu llawer ar ei gilydd. Ni cheir cymwynasgarwch neb fod angen amdano. Hawdd dychmygu hefyd bod llawer o ddiffyg hyder mewn cymdeithas ifanc, a'u bod yn eu cael eu hunain o hyd ac o hyd mewn amgylchiadau newydd a dieithr.

Rhof un enghraifft, a dim ond un o lawer ydyw, o gymwynas a gawsom ni mewn pryd. Diwedd 1897 ydoedd, a thri ohonom o dan y clefyd coch (scarlet fever). Cefais i ef yn drwm iawn, fy mrawd Richard yn ysgafn, a'r diwrnod dan sylw daeth fy nhad adref o'r chwarel wedi ei daro â'r un clefyd yn weddol drwm. Yr oeddem ein tri yn ein gwahanol welyau gyda'r nos, a'm brawd John yn dioddef oddi wrth dân iddwf ar ei lygad. Yr oedd hyn ryw bum mis cyn geni fy mrawd ieuengaf. Aeth fy mam i odro, ac oherwydd ei nerfusrwydd, mae'n debyg, oblegid mae gan wartheg reddf i deimlo peth felly, rhoes y fuwch gic iddi yn ei choes. Yr unig un iach yn y tŷ ar y pryd oedd fy mrawd Evan, yn ddyflwydd a thri chwarter oed, ac yn rhy ifanc i fynd allan i'r tywyllwch. Dyna le'r oeddem heb neb i fynd i alw ar gymydog, a chan nad oedd neb o'n cwmpas ni yn gweithio yn yr un chwarel â nhad, ni wyddai neb ei fod ef yn sâl. Toc galwodd ein cymydog agosaf, William Williams, Tŷ Hen, gwyddai ef ein bod ni blant yn cwyno. Llawenychodd pawb. Gwnaeth bob dim a allai i'n helpu, ond ni chofiaf pa un ai ef ai ewythr imi a alwodd wedyn, a gynghorodd mam i roi powltris bran bras a finegr ar ei choes, yr hyn a wnaeth, ac yr oedd hi, a dendiai arnom i gyd, yn holliach erbyn y bore, ac wedi cysgu drwy'r nos ar glustogau ar lawr y siambar orau. Allan o gyd-ymddibyniaeth fel yna y tyfodd rhyw fath o ffyddlondeb a theyrngarwch a chyfeillgarwch. Wrth edrych ar dorf o chwarelwyr ar Faes Caernarfon yn yr amser a fu, ni fedrwn yn fy myw beidio â meddwl am gi ffyddlon sy'n edrych i fyw llygad ei ffrind gorau am ei fod yn gorfod ymddibynnu arno.

Peth arall a ddywedir o hyd ac o hyd heddiw ydyw mai'r capel oedd y canolfan cymdeithasol yn yr amser a aeth heibio. Aethom i'w gredu trwy ei ddweud o yn aml. Ond nid yw hynyna yn wir i gyd. Mae'n wir eich bod yn gweld eich gilydd yn y capel, ond nid oedd cymdeithasu yno. Nid oedd festri yng Nghapel Rhosgadfan hyd 1901, na dim moddion cynhesu'r capel. Wedyn, mynd adre ar eu hunion a wnâi pawb, ag eithrio'r bobl ifainc ar ôl y bregeth. Fe gynhelid cyfarfodydd fel cymdeithasau llenyddol, cyfarfodydd darllen a chyfarfodydd plant yng nghanol yr wythnos, ond pobl ieuainc a fynychai'r rhai hyn. I'r cyfarfod gweddi a'r seiat yr âi'r bobl mewn oed. Yn y tai yr oedd y gymdeithas. Nid âi pobl i dai ei gilydd bob nos, ond yr oedd yn arferiad gan gymydog daro i mewn yn nhŷ cymydog yn bur aml ac aros yn lled hwyr weithiau. Nid oedd pellter ffordd na thywyllwch nos yn rhwystr i'r ymweliadau hyn. Deuent gyda llusern. Cofiaf Prosser Rhys yn dweud bod yr un peth yn bod yn Llangwyryfon. Ein pryd mawr ni oedd swper chwarel, ac yr oedd hwn yn fath o ginio, o datws a chig a llysiau. Anaml y byddem yn cael pwdin ag eithrio ar ddiwrnod pobi, ac ar y Sul wrth gwrs. Tua chwech y byddem yn cael y pryd yna. Wedyn byddai'n rhaid mynd i odro. Caem bryd bychan wedyn rhwng wyth a naw, te a bara menyn gyda rhyw amheuthun bychan megis caws neu fara ceirch. Os deuai cymydog i mewn ymunai â ni yn y pryd yma. Treulid gyda'r nos fel hyn yn siarad, a naw gwaith o bob deg, dweud straeon y byddid. Nid wyf yn cofio fawr erioed glywed dadlau ar bynciau yn yr ymweliadau hyn. Yn yr ysgol Sul a'r caban bwyta y byddid yn dadlau ar bynciau. Ond os byddai rhyw helynt wedi digwydd yn y chwarel, neu os byddai anfodlonrwydd ynglŷn â rhywbeth, neu os byddai damwain wedi digwydd, fe sonnid am y pethau hynny yn naturiol. Eithr y pethau a gofiaf fi fwyaf ydyw yr adrodd straeon. Os byddai gŵr wedi pasio ei ieuenctid, am ddyddiau pell yn ôl y sgwrsid, troeon trwsgl eu dyddiau cynnar hwy. I lawer o bobl, hyd yn oed y pryd hynny, yr oedd peth fel hyn yn wamalrwydd ac yn dangos diffyg sylwedd mewn cymeriad, ond i mi mae'n un ochr i ddiwylliant. Diwylliant ysgafn efallai, ond nid bob tro. Yr oedd gan y bobl yma ddawn i adrodd stori'n gelfydd, a weithiau y dull yr adroddid hi ac nid y stori ei hun a roddai fodlonrwydd. Cofiaf mor feirniadol y byddai fy rhieni o rai na allai adrodd stori yn gelfydd, a chymaint diflastod fyddai gwrando arnynt. Nid ydym yn sylweddoli peth mor anodd yw gwneud stori'n ddiddorol wrth ei hadrodd neu ei hysgrifennu.

Cofiaf yn dda am un ymwelydd diddorol a ddeuai'n gyson i'n tŷ ni, Wmffra Jones, Bryn Golau, un o bartneriaid nhad yn y chwarel. 'Wmffra Siôn' y galwai nhad ef. Daethai i fyw i Rosgadfan o Sir Drefaldwyn, o ymyl cartref Ann Griffiths, ac ymhyfrydai lawer yn hynny. Ni chofiaf ddim ond un peth a oedd yn chwithig yn ei dafodiaith, ond buasai yn yr ardal ers degau o flynyddoedd cyn i mi ei adnabod. Yr un peth chwithig hwnnw ydoedd ei fod yn dweud 'ebra fo' neu 'bro fi', lle y dywedem ni, 'meddwn i', a gogleisid ni'r plant yn fawr gan yr 'ebra fo', ac wrth gwrs, pwffiem chwerthin yn aml, a chael pwniad a chilwg gan ein rhieni am wneud hynny. Wedi i'm brawd ieuengaf fyned i'r lluoedd arfog yn y Rhyfel Byd Cyntaf nid ysgrifennodd lythyr adref o gwbl heb fod ynddo ryw gymaint o'r 'ebra fi' a'r 'bro fo'. Yr oedd Wmffra Siôn yn bartner ac yn gyfaill i nhad ymhell cyn fy ngeni fi, a chyn colli ei briod. Ni chofiaf fi ei wraig o gwbl, ond clywais fy nhad yn sôn llawer amdani. Yr oedd y ddau yn gweddu i'w gilydd i'r dim. 'Nani' y galwai ef hi. Troai nhad heibio i alw amdano i fyned i'r chwarel bob dydd yn y dyddiau hynny, ac un bore, pan alwodd, yr oeddynt wedi cysgu'n hwyr, peth anghyffredin iawn. Nid oedd dim amdani ond i bawb helpu, a job fy nhad oedd chwythu'r tân efo'r fegin, a'r wraig yn torri brechdanau. Yn sydyn, ynghanol yr holl frys, dyma Wmffra Siôn yn gweiddi nad oedd carrai yn yr un o'i ddwy esgid. Nid oedd rhai newydd ar gael ychwaith. Felly, yr oedd yn rhaid troi'r tŷ a'i benucha'n isaf i chwilio am y careiau, ac wedi gorffen y tŷ, dechrau ar y beudy. Ac yno yr oeddynt, y bechgyn wedi eu cymryd i'w rhoi'n sownd wrth gynffon barcud.

Edmygwn yn fawr un peth a wnaeth Wmffra Siôn yn hollol ddirybudd. Ers talwm, cyn amser y bysiau, byddai chwarelwyr yn cerdded yn orymdaith drefnus o'r chwarel, a chas beth ganddynt fyddai gweled merched ar bennau'r tai yn edrych arnynt. Ac os buoch erioed yn cerdded mewn gorymdaith, gwyddoch pa mor hunan-ymwybodol y gellwch fod, a pha mor gas gennych fydd teimlo fod llygaid pobl arnoch. I chwi sydd yn yr orymdaith, mae beirniadaeth ym mhob llygad a fo yn eich gwylio. Cyn cyrraedd Rhos y Cilgwyn, ar ôl pasio Pen yr Inclên, mae rhes o dai o'r enw Glasfryn, a bob nos byddai merched o'r tai hyn ar ben y drws yn chwedleua pan âi'r chwarelwyr adref. Un noson, yn hollol ddirybudd, dyma Wmffra Siôn yn troi at fy nhad ac yn bygwth ei leinio a'i alw'n bob enw. (Cofier nad oedd nhad yn gwybod dim am hyn ymlaen llaw), a dyma yntau, wedi gweld fel fflach beth oedd yr amcan, yn neidio i'r abwyd, ac yn ymosod yn ôl ar Wmffra Siôn. 'Tyst ohonoch chi! Tyst ohonoch chi!' meddai Wmffra Siôn ar dop ei lais. 'Mae'r dyn yma wedi ymosod arna i.' Fe ddiflannodd pob dynes fel llygoden i'w thŷ, ac ni phoenwyd chwarelwyr y Cilgwyn wedyn gan ferched yn eu gwylio ar bennau'r tai.

Prin iawn fyddai tripiau yn y dyddiau hynny, ond fe âi chwarelwyr weithiau i Fanceinion, a mynd i'r Sw yno. Fe aeth Wmffra Siôn unwaith, a'i wraig, ac wrth sefyll o flaen cawell y myncwn, dyma un o'r creaduriaid hynny yn rhoi ei bawen allan reit slei ac yn cipio het Nani oddi am ei phen i'r cawell. Yr oedd pluen estrys gwerth tua phymtheg swllt i bunt ar yr het, a gellir dychmygu faint oedd profedigaeth y wraig. Ond yr unig gydymdeimlad a gafodd gan ei gŵr oedd, 'Tendia, Nani, dy ben di eith nesa'! Llawer stori gyffelyb a glywais i tan y simdde fawr yng Nghae'r Gors, a'r 'ebra fi' fel cyrraints yn y stori, a llithrai'r oriau heibio'n rhy gyflym. Mor gyflym unwaith fel y cododd Wmffra Siôn oddi ar y gadair yn sydyn wedi sylweddoli beth oedd hi o'r gloch, a tharo ei ben o dan y silff ben tân a disgyn yn glewtan yn ei ôl i'r gadair.

Mi alwn ni'r cymeriad nesaf yn XY. Nid oedd mor hoffus ei gymeriad nac mor ddiddan ei sgwrs ag Wmffra Siôn. Nid yn ein hardal ni yr oedd yn byw, ond bu'n bartner gyda nhad yn y Cilgwyn am flynyddoedd maith, ac wedyn yn chwarel Cors y Bryniau. Dyn bach twt ydoedd, yn gwisgo locsyn clust, yn chwarelwr dan gamp. Ond ni ddoi ei gymeriad i fyny â safon y seiat, a dweud y lleiaf. Rhyw siarad dan eu dannedd y byddai pobl amdano, heb fedru rhoi bys ar ddim ychwaith. Mae rhai pobl na fedrwch ddweud amdanynt eu bod yn anfoesol, ac eto ni fedrwch ddweud eu bod yn deall yn iawn beth yw ystyr moesoldeb ychwaith. Crwydrai XY lawer ar y Sadyrnau, ac âi i gynebryngau yn bell ac agos. A dyma un peth a roddai achos siarad i bobl. Yr oedd fy nhad yn bur hoff ohono, ni chymysgai ef fuchedd â gwaith dyn, a pheth mawr mewn partneriaeth yn y chwarel yw cael dynion cyfwerth yn eu hegni gyda'i gilydd. Cofiaf XY yn dyfod acw i helpu gyda'r gwair, neu am dro ar nos Sul, ond er mai plentyn oeddwn, dywedai fy ngreddf nad oedd mor ddiddan ei stori ag Wmffra Siôn. Yr oedd fel petai ganddo rywbeth i'w guddio bob amser.

Yn ystod rhyfel 1914-18 caewyd y rhan fwyaf o chwareli bychain Dyffryn Nantlle, ac aeth y rhan fwyaf o'r dynion i weithio i Lerpwl, fy nhad ac XY yn eu plith. Arhosai fy nhad yn nhŷ fy mrawd yn Bootle, a lletyai XY yn Birkenhead. Cai'r gweithwyr docyn rhad i fynd adref dros y Sul bob tair wythnos, ac oherwydd hynny nid aeth neb â'i docyn aelodaeth gydag ef i eglwysi Lerpwl, neb ond XY. Fe ddarllenwyd ei bapur ef yn y seiat ar noson waith yn un o gapeli Birkenhead, a dyma'r stori a ddaeth dros yr afon i nhad i Bootle. Wedi darllen y papur a rhoi'r croeso arferol i XY, cododd yr olaf ar ei draed yn y seiat i siarad amdano'i hun yn ei eglwys gartref, a diweddu fel hyn: 'Yr hyn sy'n golled iddynt hwy yn — (ei eglwys gartref) sydd yn ennill i chwi yma yn Birkenhead.' Byddai nhad yn chwerthin nes byddai'r dagrau yn powlio o'i lygaid wrth ddweud y stori yna. Wrth reswm, rhaid oedd adnabod XY yn drwyadl, fel y gwnâi ei gydweithwyr, i allu gwerthfawrogi'r stori.

Rhywdro tua diwedd y rhyfel collodd XY ei briod, ac yntau'n ôl yn ei hen ardal erbyn hynny. Aeth yn rhy hen neu'n rhy wan i grwydro ac yn ddigon disonamdano. Ymhen ychydig flynyddoedd wedyn ymddeolodd fy nhad o'r chwarel, ef ac XY wedi bod yn bartneriaid am ddeuddeng mlynedd ar hugain. Ni byddent yn gweld ei gilydd mor aml wedyn. Bu farw XY, ac er ei holl grwydro ef i angladdau, ychydig bach iawn a ddaeth i roi'r gymwynas olaf iddo ef; yr oedd fy nhad yn un ohonynt, a daeth adref yn ddistaw brudd. 'Beth bynnag oedd XY,' meddai wrth mam, 'nid oedd yn haeddu cynhebrwng cyn lleied â hynna.' Dyna fy nhad i'r dim, a dyna deyrngarwch partneriaid.

Un arall a ddeuai i'n tŷ ni yn aml gyda'r nos oedd Mos, gŵr fy hanner chwaer a oedd yn byw heb fod yn bell oddi wrthym, a byddem yn falch bob amser o'i weled, oblegid gwyddem y caem amser hapus yn ei gwmni. Yr oedd yn chwarddwr mawr, ni welais ei hafal am chwerthin, ac yn aml, methai fyned ymlaen gyda'i stori gan fel y chwarddai. Storïau digon diniwed oeddynt, ac nid ydynt yn werth eu hailadrodd yma, ond yr oedd y pethau bychain hyn yn goglais ei ddychymyg ef, gan eu bod yn gysylltiedig â rhyw bersonau a adwaenai, ac yn nodweddiadol ohonynt. Byddwn i wrth fy modd yn gwrando arno, ac wrth fy modd yn ei weld yn chwerthin. Dyn hapus ydoedd bob amser, ac yr oeddwn i yn meddwl y byd ohono, ac yn gorfoleddu ynof fy hun pan welwn ei wyneb yn ymddangos heibio i'r palis. Cnocio a dyfod i mewn ar eu hunion y byddai cymdogion y pryd hynny.

Digwyddodd un peth ynglŷn â Mos a fu'n loes fawr i mi. Daethai acw un noson ac yr oedd yn dywyll iawn arno yn cychwyn adref. Rhoddwyd menthyg llusern newydd a gawsom at y beudy iddo. Dyfais newydd mewn llusern oedd hon, gelwid hi yn Saesneg yn 'Storm lamp'.

Goleuid hi gyda wic ac oel lamp, ac yr oedd math o ffrâm weiran am y gwydr i'w gadw rhag torri. I godi'r gwydr a diffodd y lamp, yr oedd yn rhaid gafael yn rhywbeth yn y top a godai'r gwydr a'r ffrâm gyda'i gilydd. Ni feddyliodd neb am egluro iddo sut i ddiffodd y lamp. Wedi mynd adref, ni fedrai yn ei fyw ei diffodd, nid oedd ei wynt yn ddigon cryf, a gorfu iddo ddefnyddio'r fegin dân, a rhoi ei thrwyn gorau y medrai ar waelod y gwydr. Pan ddaeth â'r llusern yn ôl dyna'r stori gawsom, a chwerthin mawr, wrth gwrs. Drannoeth, yn yr ysgol, dywedais innau'r hanes wrth fy ffrind pennaf, Apo, Tŷ'n Llwyn. Yn awr, partner Mos, yn chwarel Pen y Bryn, oedd Richard, brawd Apo. Dywedodd hithau'r stori gartref, a'r canlyniad, wrth gwrs, oedd pryfocio mawr ar Mos yn y chwarel. Nid oes y fath bryfocwyr yn bod â chwarelwyr. Pan ddeuai Mos i lawr y lôn bach o'i dŷ fore trannoeth, yr oedd Richard yn y ffordd arall yn ei ddisgwyl, ac yn dynwared chwythu megin. Pan ddaeth Mos acw wedyn, gwyddwn ei fod wedi teimlo, a'm bod innau wedi ei frifo dipyn. Bu'r peth yn boen fawr i mi am ddyddiau, fy mod wedi ei frifo ef, yn fy niniweidrwydd (y pryd hwnnw, beth bynnag). Nid yn unig hynny, poenwn am y gallwn gael fy ystyried 'yn hen hogan straegar' (un hoff o siarad clecs), tebyg i ferched a heliai straeon ar bennau tai, pobl a ddirmygid gennym. Ond fe aeth hynny heibio a daeth hapusrwydd i deyrnasu.

Y Sadwrn o flaen Nadolig 1912, dychwelwn o'r Coleg o Fangor, a galw mewn siop yng Nghaernarfon i brynu rhywbeth. Yr oedd cwsmer yno a adwaenwn yn dda, gan mai un o Rostryfan oedd yn enedigol, sef Mrs Ŵ. J Griffith, priod goruchwyliwr chwareli Dorothea a Phen y Bryn. Nid adwaenai hi fi, yr oeddwn yn rhy ifanc iddi f'adnabod. Yr oedd hi mewn helynt mawr, newydd gael neges oddi wrth ei gŵr, na allai ddyfod i'r dref i gyfarfod â hi fel y trefnasai, gan fod dyn wedi ei ladd yn y chwarel y prynhawn hwnnw. A meddai hi wrth wraig arall yn y siop a adwaenai, ''R ydach chi yn ei 'nabod, Mrs Jones, Moses Evans, mab-yng-nghyfraith Owen Roberts, Cae'r Gors.' Ni welais ac ni chlywais ddim am rai munudau wedyn. Yr oedd Mos ac eraill o'r gweithwyr wedi cael caniatâd i weithio ar y prynhawn Sadwrn (sef eu hanner dydd gŵyl) am fod y tywydd wedi bod mor wlyb, ac ni chaiff chwarelwr gyflog am golli ar dywydd gwlyb. Yr oedd Mos druan yn falch o gael y cynnig fel y lleill, ac wedi trefnu i fynd ag anrheg Nadolig i'w fam i'r Groeslon ar ôl gorffen gweithio. Ei oedran? Dim ond 30. Yr oedd yn ddyn hapus, gwasanaethgar mewn ardal, yn chwarelwr dan gamp, a chanddo lais tenor bendigedig, llais a glywid yng nghanu Diwygiad 1904-5, pan ddaeth ef i ddechrau cymryd rhan yn gyhoeddus yn y gwasanaethau. Dyn swil a fuasai cyn hynny.

Yn ystod yr ymweliadau hyn gyda'r nos fe sonnid am gymeriadau eraill a gydoesai â'm tad ac Wmffra Jones, ac a oedd wedi marw ymhell cyn amser y chwarelwyr ieuengaf; ac nid pan oeddwn blentyn y clywais innau hwy ychwaith, eithr pan ddeuwn adref ar wyliau, a myned drostynt lawer gwaith wedyn gyda'm brodyr wedi i'm rhieni farw. Yr oedd y bobl hyn yn 'gymeriadau', h.y. yn bobl anghyffredin, a dorrai i ffwrdd oddi ar rigolau cyffredin bywyd, mentro byw yn eu ffordd eu hunain, a meddwl yn wreiddiol am bethau. Nid oedd eu hiaith bob amser yn barchus ychwaith. Un o'r rhai hyn oedd dyn a elwid yn 'Richard Jones yr hen grachan'. 'Rhosgadfan' oedd enw'r tŷ lle yr oedd R Jones yn byw. Felly, petai'r fath beth yn bod â bod rhywun yn anfon llythyr i'r hen gymeriad hwn, byddai'n rhaid ysgrifennu Rhosgadfan ddwywaith. Nid wyf fi'n cofio Richard Jones o gwbl, rhaid ei fod wedi marw cyn fy ngeni. Prif glarc chwarel y Cilgwyn ar y pryd oedd Mr Owen Roberts, brawd Iolo Caernarfon, ac Alafon yn glarc ifanc yn y swyddfa gydag ef, a weithiau fe godai achlysur pan fyddai'n rhaid i'r ddau glarc fyned o gwmpas y chwarelwyr i hel gwybodaeth at lenwi papurau a ffurflenni. Credaf y byddai Alafon yn mynd y rhan amlaf er mwyn cael hwyl.

Un tro âi Owen Roberts o gwmpas y gwaith i gael rhyw wybodaeth neu'i gilydd, a daeth at Richard Jones yn ei dro. Dylwn ddweud fod Owen Roberts yn siarad mor gywir â geiriadur, a bod gan Richard Jones arferiad o snyffian ei atebion, yn enwedig pan na byddai pethau yn ei blesio. A dyma'r sgwrs a fu y tro hwn :

'Ym mha le'r ydych chi'n byw, Richard Jones?'

'Rhosgadfan' (snwff).

'Ie, mi wn i mai yn Rhosgadfan yr ydych chi'n byw, ond ym mha le yno?'

'Rhosgadfan' (snwff).

'Ie, ond beth ydyw enw eich tŷ chi yn Rhosgadfan?'

'Rhosgadfan' (snwff).

'Felly' (yn dra gramadegol ac urddasol), 'mae eich tŷ chi yn cynrychioli'r pentref yr ydych yn byw ynddo.'

'Iesu Dduw, 'dwn i ddim be' ma' fo'n gynrychioli, 'blaw mai dyna ydi enw fo.'

Exit Owen Roberts yn ddiseremoni.

Fe anwyd efeilliaid i briod Richard Jones, peth na ellid mo'i ragfynegi yn y dyddiau hynny, fel yn ein dyddiau ni, a bu'n rhaid i'r hen wron gychwyn ar unwaith i dŷ ei chwaer i chwilio am ragor o ddillad bach. Dynes falch,

drwsiadus oedd ei chwaer na wyddai beth oedd bod heb
ddim, nac heb ychydig o ddim ychwaith.

'Oes gin ti ddillad bach yma, Geini, mae acw ragor o
deulu?'

'O' (o syndod), 'oedd Elin ddim wedi paratoi ar gyfar
peth fel hyn?'

'Oedd, mi'r oedd hi wedi paratoi ar gyfar un' (snwff).

'Faint sy' 'cw felly ?'

' 'R oedd 'cw ddau pan o'n i'n cychwyn, dwn i ddim
faint sy' 'cw erbyn hyn.'

Trwy glywed y gwn i am y cymeriad nesaf hefyd, sef
Owen Jones, a elwid gan bawb yn Owan Tyrpaig. Dyn a
yfai yn lled helaeth hyd ganol ei oes oedd ef. Ond yr oedd
ganddo un gwron yn y pulpud, sef Dr Hugh Jones, Lerpwl,
ac âi i wrando arno pan ddôi i'r cyffiniau.

'Ga'i ddwad efo chdi i'r Sasiwn?' meddai Owen Jones
wrth fy nhad un tro, pan bregethai'r Doctor yn Sasiwn
Caernarfon.

'Cei, os bihafi di.'

Ac fe fihafiodd.

Bob tro yr âi'r Doctor i hwyl, rhôi Owen Jones bwniad
i nhad yn ei asennau, a dweud, 'Duw, Owan, gwrando ar
y Doctor', ac felly trwy'r oedfa.

Un o'r dyddiau dilynol âi Alafon allan o'i swyddfa, a
siarad efo hwn a'r llall, a chymryd arno mai damwain
oedd iddo stopio yn wal Owan Tyrpaig. Yna, gogordroi,
a gofyn sut y byddai, etc.

'Fuoch chi yn y Sasiwn 'leni, Owen Jones?'

'Do.'

'Pwy glywsoch chi yno?'

'Ond y Doctor.'

'O, Doctor Hugh Jones?'

'Ia.'

Wedyn Owen Jones yn dechrau, ac yn mynd trwy bregeth y Doctor, Alafon yn symud i mewn i'r wal, ac eistedd ar y blocyn, ac Owen Jones ar y drafel. Wedi traethu am sbel, a chodi i hwyl, estynnai ei law at Alafon, 'Ac Owen, yn y fan yna yr oedd y Doctor yn ddiawledig.'

'Beth ydach chi'n feddwl wrth "ddiawledig", Owen Jones?'

'O, yn fendigedig, Owen (yn codi ei lais), yn fendigedig, yn fendigedig.'

[Rhaid egluro mai 'Owen' oedd enw cyntaf Alafon yntau.] Wedi hyn, cafodd Owen Jones dröedigaeth, un o'r tröedigaethau mawr, syfrdanol y mae sôn amdanynt, a daeth yn un o bobl dduwiolaf Dyffryn Nantlle. Byddai pobl yn sôn am ei weddïau ymhen blynyddoedd wedi iddo farw.

4

DIWYLLIANT A'R CAPEL

Byddaf yn credu fod yna ddarnau o'r wlad lle mae naws ei phobl yn fwy parod i dderbyn argraffiadau crefyddol, a bod yna ddarnau eraill lle mae'r bobl fel petaent o'r ddaear yn ddaearol, a bod chwedloniaeth yr oesoedd cynnar heb adael eu cyfansoddiadau. Cymdeithas ddigon cymysg oedd cymdeithas fy ardal i, pobl a ddaethai i'r chwareli o Lŷn, rhannau pellaf Eifionydd, o waelodion plwyf Llanwnda a Llandwrog, ac ychydig o Sir Fôn, ac mae'n debyg fod cymysgedd o bobl o naws grefyddol yn eu plith a phobl o naws baganaidd. Wrth feddwl am y straeon a glywid o gabanau'r chwareli ac a ail-adroddid wedyn ar aelwydydd, ni allaf lai na theimlo eu bod yn perthyn yn nes i straeon yr hen gyfarwyddiaid nag i chwedlau diweddarach. O fewn y chwarter canrif diwethaf adwaenwn un hen wraig a gredai'n gydwybodol ym modolaeth y Tylwyth Teg.

Dechreuwyd codi capeli Anghydffurfiol yn yr ardal yr un pryd, neu ychydig yn ddiweddarach na'r amser y cychwynnwyd y chwareli yn nechrau'r bedwaredd ganrif ar bymtheg. Ni allaf ddweud a oedd Eglwyswyr selog yn eu plith, neu a oeddent wedi troi at yr Anghydffurfwyr cyn dyfod i'r ardal. Nid adeiladwyd eglwys yn Rhosgadfan, ond fe wnaed yn Rhostryfan (âi pawb i eglwys y plwyf yn Llanwnda cyn hynny), ac fe gerddai un teulu i lawr o Rosgadfan i'r eglwys yn Rhostryfan bob Sul (a daliant i wneud hynny), teulu mawr iawn a ddaethai i fyw i'r ardal o Glynnog. Cofiaf fi bedair cenhedlaeth o'r teulu hwn, maent yn bump erbyn hyn, ac yn dal yn Eglwyswyr selog. Codwyd capel cyntaf Rhostryfan, capel y Methodistiaid, yn 1821, ond yr oedd yno Anghydffurfwyr cyn hynny, a cherddai'r rhai hyn i gapel Brynrodyn, ryw ddwy filltir o bellter. Yr oedd yno ysgol Sul hefyd ers blynyddoedd a gynhelid mewn tai annedd. Adeiladwyd capel presennol M.C. Rhostryfan yn 1866; ac i gapeli Rhostryfan y cerddai Methodistiaid Rhosgadfan am flynyddoedd lawer.

Oddeutu 1840 cychwynnwyd ysgol Sul yn Rhosgadfan, ac yn fy hen gartref i, Cae'r Gors, yr agorwyd hi; cangen o ysgol Rhostryfan ydoedd. Adeiladwyd ysgoldy yno yn 1861, i gynnal ysgol yn unig, ond yn fuan ceid pregeth yn y prynhawn gan bregethwyr a bregethai yn Rhostryfan. Adeiladwyd y capel presennol yn 1876, a'i agor yn 1877 gyda 66 o hen aelodau Rhostryfan. Yr oedd fy nhaid, Owen Roberts, Bryn Ffynnon, tad fy nhad, yn un o'r blaenoriaid cyntaf. Collodd yr achos liaws o bobl cyn sefydlu'r eglwys, oherwydd bod llawer o'r teuluoedd newydd a ddeuai i'r ardal yn mynd i gapel yr Annibynwyr ym Moeltryfan am ei fod yn nes iddynt na Rhostryfan, capel a wasanaethai ardal Moeltryfan a Bron-y-foel (Cesarea).

Nid wyf fi'n cofio gweld neb yn adeiladu capel erioed, dim ond atgyweirio rhai. Byddaf yn meddwl yn aml, os bu lle am nofel ag iddi arwyr ac arwriaeth, mai dyma lle y mae maes anghyffredin o gyfoethog i'r nofelydd. Meddylier am gefndir nofel felly mewn ardal fel hon, dechrau gweithio'r chwarel ar dir comin, gŵr y Faenor yn ymyrryd am fod y tir comin ar ei dir ef, a'r gweithwyr yn gwneud arian. Dyna un frwydr. Wedyn y frwydr arall ynghylch adeiladu'r cabanau unnos ar y tir comin.

Gwneud tai gwell wedyn, a thrin y tir, a'r Goron ymhen ychydig flynyddoedd yn hawlio eu tyddynnod. Yna gweithio'r chwareli gan gwmnïau preifat, Saeson rai ohonynt. Wedi gweithio o olau i olau yn y chwareli, cerdded rhai milltiroedd adref, cipio tamaid o fwyd, âi'r chwarelwyr i'r capel i gyfarfod gweddi neu seiat. Dywed y diweddar Barch. D J Lewis, y Waunfawr, y byddai chwarelwyr yr ardal honno yn cerdded dros y mynydd o Lanberis, pellter o ryw bum milltir, yn mynd i'r seiat cyn mynd adref, ac yn rhoi eu piser bach chwarel dan y sêt yn y capel.

Rhaid fod rhywbeth mawr y tu ôl i aberth y bobl hyn. Nid yn unig yr aberth o fynychu moddion gras wedi gwaith caled y dydd, eithr yr aberth o roi o enillion prin i dalu am y capel, at gael canhwyllau iddo ac at gael pregeth gan bregethwr dieithr ambell Sul. Dim ond dynion a gawsai brofiadau mawr ysbrydol a allai wneud y fath aberth, ac yn ôl yr ychydig hanes prin a geir yn llyfrau'r Parch. William Hobley, *Hanes Methodistiaeth Arfon*, gwelwn ddarfod iddynt gael profiadau mawr. Dynion syml oeddynt, neu dyna fel y tybiwn, ond yr oedd eisiau rhyw sylfaen fwy na symlrwydd i allu gwneud y pethau yna. Mae wynebau eu disgynyddion yn dangos eu bod o dras uchel o ddiwylliant. Nid mewn un genhedlaeth y megir cryfder cymeriad na harddwch wynepryd, na balchder mewn ymddangosiad. Nid taeogion a ddaeth i Ddyffryn Nantlle i ddechrau gweithio'r llechen ac i godi addoldai.

Ond fel y dywedais, yr oedd elfen arall yn y gymdeithas, gwŷr ysmala, heb fod mor grefyddol. Byddai'r rhai hyn yn mynychu'r moddion ar y Sul, er iddynt fod yn cael rhyw lasiad tua'r Bont (y Bontnewydd) a Chaernarfon y noson gynt. Ni chymerent ran ond fe ddoent i wrando. Yn wir, dim ond un dyn a gadwai o'r capel yn gyfangwbl, ac fe ddeuai yntau ar ddydd Llun Diolchgarwch. Ond fe gyfarfyddai pobl "y Bedol a phobl Bethel" yng nghaban y chwarel fore Llun ar yr un tir, a thrafodent y pregethau gyda'r un huodledd. Efallai mai dyna ddechrau dirywiad y bywyd crefyddol yn yr ardal hon fel mewn llawer ardal arall, fod rhoi mwy o sylw i huodledd ac areithio, i ddeall a rhesymu, yn hytrach nag i wir ysbryd crefydd. Dywedodd Mr Saunders Lewis yng 'Nghwrs y Byd' yn *Y Faner*, rywdro, mai diwylliant a gaem yn y capel ac nid addysg grefyddol, a chytunaf yn llwyr.

Mae'n arfer gennym golbio'r oes hon efo'r oes o'r blaen. Ym mater yr ysgol Sul a'r diwylliant a geir yn y capeli, credaf ein bod yn iawn wrth wneud hynny. Cawn gymaint o drafferth yn awr i gael plant a phobl ieuainc i'r ysgol Sul o gwbl, fel na thrafferthir lawer pa beth a wneir â hwynt wedi eu cael yno. Eu cael yno yw'r gamp, a gorffwyswn ein rhwyfau ar hynny. Ond yn nechrau'r ganrif aem yno heb ein cymell, a chaem ddiddordeb. Ni wn pam na sut, ac efallai nad dyma'r lle i fynd ar ôl y rheswm. Ond gallwn ddweud fod cyd-gynnull yn beth diddorol i bawb, a'r pryd hwnnw, nid oedd cynulliadau eraill i'n tynnu oddi wrth gyfarfodydd y capel. Ni fedrai dim ein tynnu o'r ysgol Sul. Cofiaf, fodd bynnag, i un drasiedi rwystro fy mrawd ieuengaf rhag mynd i'r ysgol Sul unwaith.

Cawsai Dei gath bach yn anrheg ryw brynhawn Sadwrn, un bach gron, dew fel powlen. Rhowd hi yn y beudy mewn gwair dros nos. Ond, erbyn y bore, yr oedd wedi diflannu, ac ni wyddai neb yn iawn sut, heblaw mae'n siŵr, mai o dan y drws. Cyn wyth o'r gloch y bore, yr oedd Dei wedi curo ar bob drws yn y pentref i holi am ei gath, ond i ddim pwrpas. Yr oedd mam wedi mynd i huno cysgu wrth y tân ar ôl cinio, a dyma hi'n deffro yn sydyn a gweld ei bod yn ddau o'r gloch ar y cloc. Neb yn y gegin ond Dei, 'Wel O,' meddai hi, wedi dychryn, 'dyma hi'n ddau o'r gloch a chditha ddim yn yr ysgol Sul.''Fasa chitha ddim yn mynd yno 'chwaith tasa gynnoch chi gimint o boen â fi,' meddai yntau.

A'u cymryd drwodd a thro, byddai gennym athrawon deallus. Nid oes neb a ŵyr yn well na phlentyn pan na bo ei athro yn gwybod ei waith. Gŵyr hynny drwy'r reddf a ddengys iddo nad enynnir ei ddiddordeb. Dyna'r adeg na byddai gennym ni flas ar fyned i'r ysgol Sul, yr amser pan fyddai gennym athro sâl. Cofiaf i rywbeth tebyg i wrthryfel ddigwydd yn ein dosbarth unwaith, oherwydd ein diffyg diddordeb. Ynglŷn ag achos arall y gwrthryfelem, ond gwn yn iawn erbyn hyn, petai'r athro hwnnw yn un da, na buasai unrhyw gynnwrf wedi digwydd. Nid hanes digwyddiadau a chefndir a ddysgid inni ychwaith, ond dysgid inni ddeall yr Ysgrythurau, a hynny yn ifanc iawn. Nid eid byth heibio i ddameg heb dreiddio i'w hystyr ysbrydol. Rhôi hyn fwy o bleser inni na dysgu hanes.

Y pryd hwnnw, ceid maes llafur, peth nas sonnir amdano yn awr. Byddai'n ofynnol inni, cyn cael pasio i ddosbarth uwch, ddysgu hyn a hyn o emynau, pennod o'r rhan o'r Beibl a astudiem ar y pryd, a thair pennod o'r Rhodd Mam, neu'r Holwyddoreg, neu'r Hyfforddwr, yn ôl ein hoedran. Gan fod cof plant yn dda, nid oedd hyn yn faich, a bu'n werthfawr inni byth. Ni wn pa un ai damwain ai gwelediad a wnaeth i'r rhai a drefnai'r maes llafur roddi emynau gwerth eu galw'n emynau inni i'w dysgu. Nid oes gennyf amynedd o gwbl efo'r pethau a gyfansoddir wrth y dwsin heddiw ac a elwir yn 'emynau i blant'. Nid oes unrhyw werth ynddynt o gwbl, a gwastraff ar amser yw eu dysgu. Nid ydynt yn mynegi teimlad plentyn, ac nid oes unrhyw werth llenyddol ynddynt. Nid yw'n rhaid i blentyn ddeall y farddoniaeth a ddysg bob gair, dylai gael pleser oddi wrth rithm, odl, a sŵn geiriau yn taro yn erbyn ei gilydd, dyna'r cwbl. Cofiaf fel yr hoffwn y pennill,

> 'Iesu, difyrrwch f'enaid drud
> Yw edrych ar dy wedd.'

Ond, rhywsut, gyda'r gair 'Iesu' yr âi'r gair 'difyrrwch' i mi ar y cychwyn, a'r ffordd yr adwaenwn y pennill oedd, 'Iesu difyrrwch'. Dyna ei enw i mi.

Cofiaf, ar y llaw arall, imi fynnu gwneud pennill arall yn eglur imi fy hun drwy ei newid. Dysgodd mam ryw bennill imi o un o lyfrau Ceridwen Peris i'w ddweud yn yr ysgol Sul yn lle adnod. Dyma ddechrau'r darn:

> 'Mewn bwthyn bach yng *Nghanaan* wlad,
> 'R oedd gŵr a gwraig yn trigo.'

Ond nid oedd waeth i mam heb na'm cywiro, fel hyn y mynnwn, ac fel hyn y mynnais, ei ddweud:

> 'Mewn bwthyn bach yng *nghanol* gwlad.'

Elizabeth Griffith, Tŷ'n Llwyn, oedd yr un a gofiaf fi gyntaf yn y sêt fawr, a dysgodd yr ABC i ugeiniau lawer o blant, y naill flwyddyn ar ôl y llall, a hynny gydag amynedd di-bendraw, oblegid gallaf ddychmygu mai dysgu'r ABC i blant a'u dysgu i ddechrau cysylltu llythrennau i wneud geiriau yw un o'r pethau anhawsaf. Wedi dysgu i blentyn sut i ddarllen, nid yw mor anodd wedyn egluro pethau iddo. Cofiaf Elizabeth Griffith yn dda yn y sêt fawr. Rhaid mai dynes ifanc ydoedd, er yr ymddangosai i ni yn hen, yn gwisgo bonet a chêp at ei hanner, yn ôl ffasiwn y dyddiau hynny. Yr oedd yn llwyddiannus iawn yn ei gwaith, a hynny dan anfanteision, oblegid yr oedd yr holl ysgol yn y capel, o'r dosbarth ieuengaf hyd yr hynaf.

Nid peth diweddar yw cydadrodd. Bob hyn a hyn, fe adroddai'r holl ysgol Sul, yn blant a phobl mewn oed, y Deg Gorchymyn neu Weddi'r Arglwydd gyda'i gilydd. Yr unig ymarferiad a geid oedd yr adrodd ei hun ar ddiwedd yr ysgol, a chyd-symudid yn berffaith.

Yna eid dros yr un maes yn y cyfarfod darllen, a chofier, am ychydig o amser y bu gennym ni weinidog. Nid ein hathro ysgol Sul a'n cymerai, eithr rhywun arall, a byddai mwy nag un dosbarth yn y cyfarfod darllen, pawb a fynnai eistedd yr arholiad sirol o dan yr un oed. Yr oedd y trefniadau'n ddelfrydol pan gymerai GOGriffith, y Post, ni yn y cyfarfod darllen. Rhoddai gwestiynau ysgrifenedig inni i'w hateb gartref. Prynai'r copïau inni ei hun a marciai'r atebion. Yna rhoddid gwobr inni, nid yn y cyfarfod darllen, ond yn y cyfarfod plant (Band of Hope). Ticedi fyddai'r gwobrwyon yno, a chesglid hwy at ei gilydd ar ddiwedd y tymor, pan gaem arian yn eu lle. Ateb y cwestiynau hyn ar y maes llafur yn y cyfarfod darllen, oedd yr ymarferiad cyntaf a gefais i mewn ysgrifennu Cymraeg. Hyn, ac ychydig yn ddiweddarach, eistedd arholiadau ar gyfer y cyfarfod llenyddol. Yn y cyfarfod plant caem, yn ychwanegol at hyn, bob math o gystadlaethau, darllen darn heb ei atalnodi, darllen llawysgrif ddrwg (cawsom gerdyn o waith Eifionydd ei hun i'w ddarllen un tro!), canu, adrodd, cyfeirio'r ffordd, cyfansoddi brawddegau ac ateb cwestiynau ar wybodaeth gyffredinol. Byddai'r gyfundrefn o gael ticedi yn lle gwobrwyon, eu casglu at ei gilydd a'u hanfon i'r ysgrifennydd ar ddiwedd y tymor, yn dyfod â rhyw chweigian neu ddeuddeg swllt inni. Caem yr arian yma mewn cyfarfod mawr yn y gwanwyn. Ac ystyried na fyddai'r un o blant Cae'r Gors yn adrodd nac yn canu ar eu pennau eu hunain, yr oedd yn swm go lew.

Fe hysbysid cystadlaethau'r cyfarfod plant bythefnos ymlaen llaw. a rhoid hwy i fyny wedyn ar y bwrdd rhybuddion yn lobi'r capel. Cofiaf un tro iddynt hysbysu mewn un cyfarfod plant fod cystadleuaeth hel enwau adar yr ardal i fod yn y cyfarfod nesaf, dim ond hel yr enwau dyna'r cwbl, a'u dweud ar goedd yn y cyfarfod. Wedi inni gyrraedd y tŷ y noson honno, cyn inni gael tamaid o fwyd, dyma Richard, fy mrawd, yn dechrau arni, ac yn ysgrifennu enwau adar i lawr fel y cofiai hwynt. O hynny ymlaen am bythefnos, ni ellid ei gael at ei fwyd, nac i'w wely, nac i wneud dim ond hel enwau adar. Yr oedd fel dyn ar dranc, a bod ei fywyd tragwyddol yn dibynnu ar gael yr enwau. Wrth weld y brwdfrydedd yma, dyma'r gweddill ohonom yn penderfynu nad oedd yn werth inni gystadlu, ac y byddai'n well inni hel enwau i Richard. Ond nid oedd angen inni, byddai ef wedi cael pob un o'n blaenau. Yr oedd nhad a mam yn y gêm hefyd, ac yn gofyn o hyd, 'Faint wyt ti wedi gael rŵan, Dic?' Wel, fe ddaeth tipyn o dawelwch cyn diwedd y pythefnos, a'm brawd erbyn hynny wedi eu hel at ei gilydd, a'u cael i drefn y wyddor, ac yn eu dysgu a'u dweud yn uchel ar dafodleferydd. Wrth gwrs, dysgem ninnau hwy wrth ei glywed. Yr oeddem wedi synnu fod cynifer o adar yn Rhosgadfan, tros ddeugain ohonynt, ni wyddwn i fod cymaint o wahanol fathau o adar yn y byd! Beth bynnag, fe ddaeth noson y cyfarfod plant, a ninnau i gyd yn gynhyrfus iawn, wedi cadw oddi wrth bawb fod Richard wedi hel cymaint o enwau. Willie, brawd Richard Hughes-Williams, y storïwr, oedd y beirniad, ac wedi i ryw ddau neu dri chystadleuydd fod wrthi, ac enwi rhyw hanner dwsin neu ddwsin o adar, dyma dwrn fy mrawd. Aeth ymlaen a dechrau arni cyn i neb gael ei wynt, ac wrth ei fod wedi eu dysgu ar ei gof, âi trwyddynt fel cyfri' llyfrithen. Dyma Willie yn codi ei ddwylo i fyny ac yn gweiddi, 'Stopia, stopia, imi gael siawns i'w rhoi i lawr.' Ond ymlaen fel sgyrsion yr âi fy mrawd. Bu'n rhaid iddo ail fynd drostynt, ond ni chredaf ei bod yn bosibl atal y llif ofnadwy o enwau a fyrlymai allan. Nid oedd gan neb siawns i ennill wrth ei ymyl. Bu'r gystadleuaeth hon yn destun difyrrwch yn ein cartref am flynyddoedd lawer, a thra fu fy mrodyr fyw.

Byddem yn mynd i'r seiat bob wythnos. Nid dysgu adnod y byddem ar gyfer y seiat nos Fercher, ond llawer o adnodau, a phennau pregethau'r Sul blaenorol, neu sylwadau ohonynt. Byddai G O Griffith, y Llythyrdy, yn codi pennau'r pregethau i rai o'r plant, a byddai gennym lyfr bach iddo eu dodi i lawr ynddo. Caem y llyfr ganddo efo'r pennau tua nos Lun neu ddydd Mawrth, a byddai'n rhaid eu dysgu'n drwyadl cyn nos Fercher. Ni wn beth a ddigwyddasai i ni pe dywedasem ein hadnodau mor sâl a di-sut ag y dywed plant yr oes yma hwy. Mae arnaf ofn y buasai arnom ofn wynebu ein cartrefi y noson honno. Ni chofiaf y byddai'n llawer o dreth dysgu'r adnodau a'r pennau pregethau. Ond weithiau fe ddechreuai rhai ohonom wneud camgymeriad yn ein hadnod, ac nid oedd ddewin a allai ein tynnu allan ohono. Cofiaf am fy mrawd Evan, pan oedd tua phump oed, yn cael dysgu iddo, 'Iesu Grist, ddoe a heddiw, yr un ac yn dragywydd.' Ni allai yn ei fyw gael y gair 'dragywydd' yn iawn. Fel hyn y dywedai, 'yr un ac yn gla-gwy ', ac yn naturiol fe aeth yn 'glagwy '. Nid oedd dim i'w wneud ond ei rwystro rhag ei ddweud yn y seiat. Ond dro arall, fe roes Evan sioc heb ei ddisgwyl inni yn y seiat ei hun. Nid oedd wedi gwneud y camgymeriad wrth ddweud yr adnod yn y tŷ. Yr adnod oedd, 'Y rhai a ymddiriedant yn yr Arglwydd a ânt rhagddynt ac a ffynnant', eithr dyma a gawsom, 'a ânt rhagddynt ac a fygant', a'r gweddill o'r teulu yn chwysu yn eu sêt.

Weithiau caem ein holi ar ôl dweud ein hadnodau, a byddai gan ambell flaenor ddawn nodedig at wneud hynny, a byddwn i wrth fy modd gyda'r holi hwn. Golygai, yn un peth, y byddai gweddill y seiat yn fyrrach o gymaint â hynny, gan mai sych iawn oedd y gweddill inni, ag eithrio pan fyddai rhywun yn mynd i grïo wrth ddweud ei brofiad. Ni wn pam y rhoddai hyn bleser inni, onid am ei fod yn beth gwahanol i arfer. Efallai mai'r un fath y teimlem petai rhywun yn dechrau rhegi yn y seiat. Cofiaf un waith pan oedd un o'r blaenoriaid yn holi ar yr adnodau, iddo ofyn yn sydyn i un bachgen, Evie, Llwyn Celyn, 'Oes gynnoch chi adnod i brofi ?' 'Oes,' meddai Evie, ' " Yr hen a ŵyr a'r ifanc a dybia".' 'Nid adnod ydy honna,' meddai'r holwr. 'Ia,' meddai Evie, a bu'n daeru am ychydig funudau rhwng y ddau. Nid Evie a roes i mewn ychwaith. Yr un bachgen a fyddai'n rhoi ffug-enwau doniol wrth gystadlu, a hynny mewn cystadlaethau y tu allan i'n hardal ni. Fe gynhelid cymanfa blant bob blwyddyn i ryw chwech o ysgolion Sul Dosbarth Uwchgwyrfai, a chynhelid hi un ai yn Rhostryfan neu yng Ngharmel. Byddai arholiadau ysgrythurol wedi digwydd ymlaen llaw, ac un tro fe ddaeth y ffugenwau digrif hyn i fyny, 'Dyfrgi o Rosgadfan', a 'Draenog flewog', ac fe'u holrheiniwyd i Evie.

Gwerth diwylliannol oedd i hyn i gyd ac nid gwerth crefyddol, oni ddeuai'r olaf yn anuniongyrchol. Ni ddysgid inni ddefosiwn crefyddol, ond byddai'n rhaid inni barchu'r Saboth.

Yr oedd fel rhyw ddeddf anysgrifenedig nad oeddem i fynd trwy'r llidiart ond i'r capel. Yr oedd yn berffaith ddealledig yn ein tŷ ni hefyd nad oeddem i ddarllen papur newydd ar y Sul (sef y papurau wythnosol: ni ddeuai papurau Sul o gwmpas yr adeg honno). Caem ddarllen unrhyw beth arall. Dangosem yr anghysondeb i mam pan âi hi ati i roi pwyth mewn dilledyn neu irad ar yr esgidiau gwaith, ar nos Sul, ond na, fe wyddai'r Brenin Mawr nad oedd hi wedi cael amser i wneud y pethau hyn yn ystod yr wythnos, ac fe wyddai hefyd ein bod ni wedi cael amser i ddarllen y papur newydd! Yr hyn oedd yn berffaith wir.

Gallwn ysgrifennu ysgrif faith ar y pregethwyr a ddeuai i bregethu i'n capel ni pan oeddwn blentyn, ond gan fod llawer wedi ei ysgrifennu amdanynt gan eraill bodlonaf ar sôn am ryw ychydig o'r rhai mwyaf gwreiddiol. Ysgrifennodd y Parch H D Hughes yn rhagorol ar rai ohonynt yn ei lyfr, *Y Chwarel a'i Phobl*. Nid oedd prinder pregethwyr yn y cyfnod hwnnw, ac yn Arfon, fel lleoedd eraill, yr oedd llawer o rai rhagorol, rhai canolig a rhai sâl. Rhywsut, gwyddem pan oeddem yn blant y gwahaniaeth rhwng pregeth dda a phregeth sâl. Caem feirniadu faint a fynnem arnynt gan mam, ond nid gan nhad. Dywedai ef fod pob pregethwr yn gwneud ei orau. Dim ond ar un pregethwr y clywais ef yn rhoi ei lach erioed.

Wrth edrych yn ôl, yr ydym yn dueddol i gymharu ac i gyferbynnu pethau ddoe â phethau heddiw, pobl ddoe â phobl heddiw, a llawer ohonom yn bur bendant fod ddoe yn well ym mhob ffordd na heddiw. Clywch bobl yn dweud bod pregethwyr ers talwm yn llawer gwell na rhai heddiw. Pan ddywedwn beth fel yna yr ydym yn gwneud yr hyn sy'n amhosibl, oblegid ni ellir cymharu pregethwyr dau gyfnod. Yn aml iawn, nid yw'r peth sy'n gweddu i un cyfnod yn gweddu i gyfnod arall o gwbl. At hynny, yr ydym ni ein hunain wedi newid, a phe byddai'n bosibl inni glywed yr hen bregethwyr heddiw, digon posibl y newidiem ein barn amdanynt. Un peth a anghofiwn am bregethwyr, fel am actorion, ydyw, bod ansawdd eu pregethu neu eu hactio yn dibynnu llawer ar y gynulleidfa. Y gynulleidfa a'i chydymdeimlad yw eu swcr; ac mae'n bur sicr na cheid cydymdeimlad cynulleidfa heddiw â llawer o syniadau'r hen bregethwyr. Ond y mae yna un teip o bregethwr a apelia at bob oes, mi gredaf, a hwnnw yw'r pregethwr gwreiddiol. Mae rhai i'w cael ym mhob oes, mae digon ohonynt heddiw, pregethwyr nad ydynt yn aros efo hen syniadau nac yn symud efo'r oes newydd ychwaith, eithr yn byrlymu o wreiddioldeb ac yn rhoi inni o'u syniadau eu hunain am bethau. Nid wyf am ddweud mai'r bobl hyn yw'r pregethwyr gorau, ond maent yn ffres bob amser.

Pregethwyr felly a erys fwyaf ar fy nghof i, ac nid y rhai a ystyrid yn fawr. Ni chofiaf lawer a ddywedodd y Parch. John Williams na'r Parch. Thomas Charles Williams erioed, ond cofiaf ugeiniau o bethau a ddywedodd y Parchedigion David Williams, Llanwnda, Griffith Williams, Llangoed, Hywel Roberts, Clynnog, a Robert Thomas, Talsarnau. Yr un a gofiaf orau yw David Williams, Llanwnda, am fy mod yn ei glywed yn amlach. Un o nodweddion y pregethwyr gwreiddiol hyn i gyd oedd eu bod yn hollol anymwybodol o broblemau. Pe gofynnech i un o'r rhai a enwyd uchod beth oedd eu barn am y dylifiad Seisnig a dirywiad yr iaith Gymraeg, yr wyf yn sicr yr edrychasent arnoch yn hurt, cystal â dweud, 'Cymro ydw' i, ac yng Nghymru yr ydw' i'n byw, yng nghanol pobl yr un fath â mi fy hun.' Dyna paham yr oeddynt yn bobl naturiol, pobl yn byw mewn gwlad unieithog (iddynt hwy) oeddynt.

Felly yr edrychwn i ar David Williams bob amser, Cymro heb fod yn ymwybodol ei fod yn Gymro o gwbl. Hen lanc ydoedd, a châi'r gair ei fod yn un reit biwis. Edrychai felly, ond clywais rai a gadwai'r mis yn dweud nad oedd felly o gwbl yn y tŷ. Byddai'n fwy piwis os dôi i Rosgadfan i roi pregeth yn y prynhawn, yn enwedig os byddai wedi gorfod cerdded y filltir serth o Rostryfan. Yr oedd pob dim o'i le arnom wedyn. 'Dau beth cas sydd ynoch chi tua Rhosgadfan yma, 'r ydych chi'n rhoi'r cloc y tu ôl i'r pregethwr, ac yn cau pob ffenest.' Dro arall, 'Petawn i'n dŵad i bregethu mewn potel i Rosgadfan yma, mi roech gorcyn arna i wedyn.' Dyn canolig o daldra ydoedd, ond gwnâi ei wddw byr iddo edrych yn fyrrach. Byddai ei goler yn cyrraedd yn uchel iawn. Yr oedd ganddo wyneb anghyffredin, wyneb y byddai unrhyw arlunydd yn falch o'i gael. Wyneb wedi ei eillio'n lân, ag eithrio un rhes o flewiach a dyfai ar hyd ei ên a'i gernau o glust i glust. Ni welais mohono erioed yn gwenu heb sôn am chwerthin, ond yr wyf yn sicr ei fod yn chwerthin ynddo'i hun yn aml.

Os deuai i bregethu am Sul cyfan, yn ddieithriad bron fe bregethai ar ddameg neu wyrth yn y bore, a chymerai bwnc go ddwfn yn y nos. Wrth bregethu ar y dyn a aeth i mofyn tair torth yn echwyn cawsom stori ddifyr. Rhoes hanes y cyfaill cyntaf yn cychwyn ar ei daith bell, ac wedi penderfynu y byddai'n cyrraedd cyn iddi dywyllu, ond oherwydd amryw helyntion ar y daith, yr oedd yn hwyr arno'n cyrraedd. Y cyfaill yr ymwelai ag ef yn ei wely, ac yntau'n cnocio'r ffenestr arno. 'Pwy sydd yna?' meddai hwnnw o'i wely. 'Y fi,' meddai'r llall, ac egluro fel y bu hi arno. Y llall yn cofio yn y gwely nad oedd ganddo ddim bara yn y tŷ, ac yn ceisio meddwl am ryw ffordd i guddio hynny. Y cyfaill hwn yn codi o'i wely yn reit ddistaw, yn mynd i'r pantri, yn gwisgo ei *slippers* yn y fan honno, ac yn mynd allan drwy ddrws y cefn i'r tŷ nesaf. [Yr oedd yn rhaid inni gredu, heb iddo ddweud, mai yn y cefn y cysgai'r cyfaill hwn.] Y dyn yma yn flin iawn ei dymer, yn cwyno fod y plant newydd fynd i gysgu, rhai ohonynt wedi cael y ddannodd, a helynt mawr i'w cael i gysgu o gwbl. Y cyfaill arall wedyn yn erfyn arno beidio â gweiddi, rhag ofn i'w ymwelydd ei glywed.

Wrth bregethu ar 'y llawn sicrwydd gobaith hyd y diwedd', dywedodd, 'Peidiwch â gadael i ddiwrnod eich marw fod yn ddiwrnod prysur, fy mhobol i. Peidiwch â gadael i ryw fân dwrneiod fod o gwmpas eich gwely chi efo'u cwils.' Wrth sôn am berthynas y Cristion â Christ, dywedodd fod y ddau yn snug bach yn ei gilydd. Dro arall meddai, 'Byddaf yn diolch i'r Diafol am bryfocio cymaint ar Williams Pantycelyn, er mwyn inni gael yr holl emynau da yma.' Weithiau byddai'n newid ei lais yn sydyn i ryw wich fain, yn enwedig yn ei sylwadau ymyl y ddalen. Soniai unwaith am yr uwch-feirniaid, yna newid ei lais, ''D ydw i ddim yn hoffi'r gair " uwch-feirniaid", yma. Uwch na phwy ac uwch na pheth?'

Cofiaf un nos Sul ei fod yn pregethu ar bwnc o athrawiaeth, ac yn mynd ymlaen yn ei lais dwfn, yna yn codi ei lais a dweud 'Da chi, y mhobol i, os oes arnoch chi eisiau pesychu, pesychwch yn gall, peidiwch â phesychu pan fydda i ar ganol gair, neu ar ganol sentans.' Eisteddai teulu o ŵr a gwraig a thri o blant o'n blaenau ni, a dyma'r bachgen wrth ddrws y sêt yn chwerthin dros y capel, a'i fam, a oedd wedi anghofio ei phlant wrth ymgolli yn y bregeth, yn rhoi sbonc. Finnau yn cael ambell bwff o chwerthin, wrth feddwl petai pawb yn dechrau pesychu ar ôl pob atalnod a *comma*. Clywais amdano yn pregethu yn y Dwyran, Sir Fôn, wedi croesi Afon Menai yn y Stemar Bach, yn gorffen gweddill y daith mewn brêc. Gan mai ar y Sadwrn y cynhelid marchnad Caernarfon, yr oedd moch bach mewn sachau yn gymysg â'r teithwyr yn y frêc. Ceisiai David Williams ddal y moch draw â'i ambarél. Trannoeth edliwiwyd y moch i'w wrandawyr drwy'r dydd. Yn yr un capel arferai'r plant eistedd gyda'i gilydd yn y bregeth yn y seti blaen, a chymryd nodiadau o'r bregeth mewn llyfrau. Nid da gan yr hen bregethwr mo hyn. Yr oedd arno eisiau sylw ei holl gynulleidfa. 'Da chi 'mhlant i, edrychwch arna'i,' meddai, ac wrth y blaenoriaid, 'Pa sens sy' mewn dŵad â rhyw rigmant o blant i le fel hyn?' Ef hefyd a ddywedodd wrth y fam a âi allan o'r capel pan grïodd ei babi, am ddyfod ag ef i'r sêt fawr, y byddai'n siŵr o gysgu yn y fan honno.

Ni wn gymaint am y pregethwyr eraill a enwais, ond teip y storïwr oeddynt. Clywais Hywel Tudur yn cymryd ei destun o lyfr Esther a dyna'r sylw olaf a gafodd yr adnod honno. Dechreuodd yn yr adnod gyntaf yn y llyfr ac aeth ymlaen i'r diwedd gan roddi fersiwn yr ugeinfed ganrif o'r stori, ac 'Amen' ar y diwedd. Un nodyn a oedd ganddo ef o'r dechrau i'r diwedd, a nodyn sgwrs oedd y nodyn hwnnw. Siaradai'n ddifyr â'r blaenoriaid, ac yr wyf yn sicr pe cymerid tôn ei lais gyda *pitch-fork* ar unrhyw fan o'i bregeth, mai'r un fyddai. Digwyddodd peth digrif pan bregethai un nos Sul braf o haf yn Rhosgadfan. Capel â'r sêt fawr wrth y drws oedd ein capel ni, ac yn y tawelwch hafaidd a sŵn undon (heb fod yn undonog) y pregethwr, cerddodd iâr i mewn yn hamddenol i'r capel.

Teip gwahanol iawn oedd y Parch Henry Rawson Williams, Betws-y-Coed. Dywedai ef bethau a gyrhaeddai'n o ddwfn, megis, pan ddywedodd yn Rhosgadfan nad oedd gan y blaenoriaid yno ddim gwell i siarad amdano na'r tywydd. Digiodd hyn fy nhaid, ac ni roddodd gyhoeddiad iddo wedyn. Ond fe ddaeth Mr Williams i Rosgadfan ym mlwyddyn cyhoeddiadau fy nhaid er hynny, ac ni chafodd ef ei hun byth wybod sut. Ond fe aethai blaenor ieuanc i'r cyfarfod misol gyda'm taid ac aeth i'w boced am ei ddyddiadur. Aeth at Mr Rawson Williams a chael cyhoeddiad ganddo, a medru rhoi'r dyddiadur yn ôl yn ei boced heb i'm taid sylwi dim. Aeth rhyw ddyn at yr hen bregethwr o Fetws-y-Coed unwaith, ar ddiwedd yr oedfa, a dweud na chydwelai â'i osodiadau. 'Wyt ti'n credu hanner yr hyn ddywedais i?' meddai. 'O ydw,' ebe'r dyn. 'Wel,' meddai'r pregethwr, 'os caf i bawb i gredu hanner fy mhregethau, mi fyddwn i'n reit dawel.' Yr oedd ei wisg ef yn wahanol i bawb; gwisgai gôt a chêp ar ei rhan uchaf (Inverness) a het a chantel crwn, yr un fath â Daniel Owen.

5

MATHAU ERAILL O DDIWYLLIANT

Yr wyf wedi sôn am ein cylchwyl lenyddol ni yn *Traed Mewn Cyffion*, felly byr fydd ei hanes yma, er ei bod yn rhan bwysig o ddiwylliant ardal. 'Eisteddfod' y gelwir peth tebyg iddi heddiw, peth llawer llai. Uno y byddai Rhosgadfan a Rhostryfan yn y gylchwyl, a chynhelid hi brynhawn a nos Nadolig a'r noson gynt. Ei phwysigrwydd oedd y paratoi mawr ar ei chyfer, yr oedd y cystadlaethau mor niferus ac mor amrywiol. Byddai Rhostryfan fel cwch gwenyn am tua mis o flaen y cyfarfod, pan gynhelid yr arholiadau ysgrifenedig, a'r arholiadau llafar i'r plant lleiaf. Heblaw yr arholiadau hyn mewn gwnïo, yn yr Ysgrythur, traethodau, cyfieithu, arholiadau ar lyfrau a llenyddiaeth Gymraeg (cyfunid y llyfrau a astudiem yn yr Ysgol Sir â'r rhai hyn weithiau), byddai cystadlaethau y gallem eu gwneud gartref hefyd. Hyn i gyd yn ychwanegol at yr adrodd, y canu, y ddadl rhwng dau. Ni fyddwn i byth yn cystadlu ar y pethau cyhoeddus ond cystadlwn ar yr arholiadau, a byddwn yn ddigon digwilydd i gystadlu mewn arholiadau i rai hŷn na mi o lawer. Credaf fod testunau'r arholiadau hyn o safon uchel iawn, ac i Mr Gilbert Williams yr oeddem i ddiolch am hynny ac am lwyddiant yr ŵyl.

Ni chofiaf o gwbl faint oedd fy oed yn cystadlu y tro cyntaf —credaf mai oddeutu saith. Ni chofiaf ychwaith beth oedd yr arholiad, ond mae'n sicr mai arholiad llafar ar y maes llafur ydoedd. Ond cofiaf yn iawn mai grôt a gefais, a chofiaf imi redeg adref y filltir sydd rhwng Rhosgadfan a Rhostryfan â'm gwynt yn fy nwrn, a rhoi'r grôt ar y bwrdd i mam a dweud, 'Dyna nhw i chi, digon i brynu torth a chnegwarth o furum.' Yr oedd rhywun acw, fy Modryb Ann, mae'n debyg, a ddeuai bob noson cyn y Nadolig efo anrhegion inni. Chwarddodd pawb, gan ei fod yn gyfuniad mor anghywir. Tair ceiniog oedd pris torth go fechan y pryd hynny, ond anaml y prynem dorth siop. Ond digon tebyg mai'r hyn a gofiwn i oedd, y byddai mam yn fy anfon i i'r siop i nôl torth a burum, os digwyddai fod yn brin o fara cyn y diwrnod yr arferai hi bobi arno, oblegid yr oedd diwrnod i bob dim y pryd hynny.

Dau beth yr edrychid ymlaen atynt ym mhrif gyfarfod y gylchwyl nos Nadolig fyddai'r araith bum munud ac anerchiadau'r beirdd. Rhoddid testun yr araith ymlaen llaw yn y rhaglen, ond er hynny ychydig a gystadlai. Byddai un cystadleuydd cyson bob blwyddyn, sef Evan Williams, y Gerlan. Am wn i mai ei gystadleuaeth ef oedd hi erbyn y diwedd. Dyma ddiwedd ei araith ar 'Ffair Gaeaf' un tro, 'a dyna lle byddan nhw bora Sul yn chwys dyferyd yn llnau eu sgidiau'. Brawddeg gynhwysfawr y pryd hynny.

Âi nifer o'r beirdd ymlaen i'r llwyfan i adrodd penillion ar bynciau'r dydd yn y pentref. Y mwyaf parod ei ddawn oedd Henry O Jones, Pant Golau (Carmel wedyn). Byddai ei anerchiad ef yn myned ymlaen o flwyddyn i flwyddyn ar yr un mesur, a'r un byrdwn. Gallai adrodd ei waith yn hollol fel y dylid adrodd penillion o'r math yna. Cofiaf ddau bennill, un am G W Jones, Prestatyn, y cyfeilydd, a wasanaethai bob blwyddyn yn yr ŵyl, a'r llall am David Williams, Tan 'Rallt, un o fechgyn disglair Rhostryfan, gwyddonydd a aeth allan i Ddeau Affrica, oherwydd ei iechyd, ac a fu'n athro yn un o golegau Johnnesburg. Dyma'r unig ddau bennill a gofiaf o gyfres hir iawn:

'Griffith William Jones, chwi wyddoch,
Mae efe fel un ohonoch,
Bob Nadolig, daw fel hosan
I Eisteddfod fawr Rhostryfan.

Boi o'r Rhos sydd yn arholi
Prif golegau Cape Coloni,
Fe fu hwnnw'n hogyn bychan
Yn Eisteddfod fawr Rhostryfan.'

Pethau heb fod yn llawer o werth, meddwch chi, nage'n wir. Penillion fel hyn am bobl a adwaenem oedd rhwymyn y cyfeillgarwch a'r gymdeithas dda a fodolai yn y gymdogaeth, ac a roddai falchder inni oherwydd iddynt wneud rhywbeth. Yn y fan yna y deuai'r gynulleidfa nesaf i fod yn rhan o'r hyn a ddigwyddai ar y llwyfan.

Pan oeddwn i'n fychan iawn agorwyd siop lyfrau yn Rhosgadfan, mewn adeilad pren, gan J R Williams, Aber Alaw, wedi hynny. Credaf na werthid dim ynddi ond y pethau arferol a werthir gyda llyfrau, pinnau dur, rulers, marblis, etc. Wedi i J R Williams briodi, a mynd i'w dŷ ei hun, daliodd y siop ymlaen, yn rhan o'i dŷ. Yn sicr, dyma'r fendith fwyaf a gafodd ardal erioed. Er nad oeddem ond pedair milltir go helaeth o Gaernarfon, costiai swllt inni fynd yno ôl a blaen efo brêc, ac yr oedd swllt yn llawer iawn y pryd hynny. Felly, yr oedd yn anodd iawn inni brynu'r llyfrau a ddeuai allan o'r wasg.

Credaf fod yr arferiad i werthwr llyfrau fyned o gwmpas y chwareli newydd orffen. Ni chofiaf fi fy nhad yn prynu llyfrau yn y chwarel, ond yr oedd acw lawer o lyfrau yn y tŷ wedi eu prynu felly ar un adeg, un ohonynt oedd *Taith y Pererin*, llyfr anferth ei faint, gydag ymylon aur i'r dalennau, a chlesbin i'w gau. Costiasai £3, ac mae'n sicr mai talu wrth y mis a wneid. Cofiaf y byddai J R Williams yn dyfod â'r cylchgronau i'r capel i bawb, pob cylchgrawn, y rhai enwadol a'r rhai cenedlaethol, gydag enw'r tŷ arnynt. Cofiaf fel y byddem yn rhuthro o'n seti ar y Sul cyntaf yn y mis, a stwffio at y ffenestr yn y lobi lle byddai'r cylchgronau, er mwyn cael rhedeg adref efo hwy, a chael eu darllen yn gyntaf. I blant heb chwarter digon i'w ddarllen, byddai blas neilltuol ar *Drysorfa'r Plant, Cymru'r Plant, Y Cymru Coch, Yr Ymwelydd Misol*, etc. Ar ddiwedd y flwyddyn y talem y bil, a byddai mam yn bygwth rhoi gorau i'r cylchgronau i gyd y flwyddyn wedyn, am y byddai yn gymaint i'w dalu ar ddiwedd blwyddyn. Ond ni roes ei bygwth erioed mewn grym. Câi ormod blas arnynt, a buasai'n darllen llawer mwy ohonynt petaent i'w cael. Cofiaf yrŵan y fath hyfrydwch a gaem wrth ddarllen '*Y ddau hogyn rheiny*' gan Winnie Parry yng *Nghymru'r Plant* a storïau Fanny Edwards.

Yr oedd nofelau Daniel Owen gennym wrth gwrs, ond allan ar fenthyg y byddent gan amlaf, ac yn mynd ar goll. '*Y Fun o Eithinfynydd*' hefyd. Cofiaf imi ddarllen y nofel honno pan oeddwn tua thair-ar-ddeg oed, neidio dros y farddoniaeth, a mwynhau fy nagrau dros y gweddill. Nofelau Gwyneth Vaughan, hefyd, ond ni chawn lawer o flas arnynt hwy. Hanes Owen Owens, Cors y Wlad, a rhyw nofel iasoer iawn o'r enw *Habaccuc Crabb*. Credaf mai cyfieithiad oedd hon. Ac wrth gwrs, *Caban F'ewyrth*

Twm. Yr oedd acw lawer iawn o ôl-rifynnau o *Drysorfa'r Plant* wedi eu rhwymo, a chaem lawer iawn o bleser wrth eu darllen. Yr oedd gennyf fi biti dros y plant, nid y rhai a ddarllenai'r rhifynnau hynny pan ddeuent allan, ond y rhai yr oedd eu hanes ynddynt. Yr oedd rhywbeth yn drist iawn i mi ym mhlant y saith degau ffordd yna. Y llyfr barddoniaeth mwyaf poblogaidd yn ein tŷ ni oedd gwaith Eben Fardd, casgliad Hywel Tudur. Credaf fod mam wedi prynu'r copi gan un o'r gwerthwyr teithiol, a gallaf ddyfalu ei bod wedi ei werthfawrogi byth oddi ar hynny, oherwydd fod ei brynu wedi golygu cryn aberth iddi. Darllenodd ef lawer gwaith, a thrysorodd lawer ohono ar ei chof, a chlywem ninnau ddarnau helaeth ohono yn ysbeidiol. Yr oedd Eben Fardd yn fwy poblogaidd yn fy nghartref na Cheiriog, yr hyn sy'n rhyfedd iawn. Un rheswm heblaw'r uchod, mi gredaf, ydoedd am nad oedd gweithiau Ceiriog yn gryno efo'i gilydd, eithr yn rhannau. Mae pethau rhyfedd iawn yn gwneud i rywun hoffi llyfr neu beidio. Y llyfr y caem stôr o wybodaeth ohono oedd *Cymru Fu*. Yr oedd rhywbeth yn awyrgylch y llyfr hwnnw a'i gwnâi'n wahanol i bob llyfr arall.

Hoffwn gyfeirio hefyd at ddiwylliant y caban yn y chwarel. Byddai yno drafod pynciau crefyddol (a chyfarfodydd gweddïo yn ystod Diwygiad 1904-5) a gwleidyddol; byddai yno bractis côr, a phawb yn cymryd diddordeb ynddo. Weithiau deuid â phiano i'r chwarel at y practis. Yng nghyfnod bore fy nhad yn chwarel y Cilgwyn, byddai rhywun yn darllen *Y Faner Fawr* a'r *Faner Fach* bob awr ginio, o'r ddalen gyntaf hyd yr olaf, oherwydd na fedrai rhai o'r chwarelwyr ddarllen yn y 60au a'r 70au. Câi llyfrwerthwyr teithiol bob derbyniad yn y chwareli, prynai'r chwarelwyr lyfrau a thalu wrth y mis. Nid yw diwylliant o'r math yma yn bod yn y chwareli heddiw.

Nid oes gennyf atgofion hapus am fy addysg gynnar, ar wahân i'r chwarae efo'r plant a'r crwydro yn yr awr ginio. I Rostryfan yr awn i i'r ysgol ac yr oedd y ffordd yn rhy bell i fynd adref i ginio. Aem â'n brechdanau gyda ni a'u bwyta ar frys: os byddai'r tywydd yn braf aem allan i grwydro. Cofiaf o hyd am y ddaear yn deffro yn y gwanwyn, y cynhesrwydd yn codi o'r ddaear gyda sŵn pan aem i gasglu briallu hyd ochrau'r nentydd yn ein bratiau ar ôl diosg cotiau'r gaeaf.

Ni allaf gofio fawr am fy nyddiau cyntaf yn yr ysgol, dim ond ein bod yn cyfrif myclis ar wifren. Nid adroddid storïau wrthym am Gymru nac unrhyw wlad arall. Ar wahân i roi hapusrwydd inni ar y pryd, 'fe fyddai'r chwedlau yn ein cof weddill ein dyddiau.

Ni chofiaf o gwbl imi gael gwersi diddorol yn yr ysgol ychwaith. Nid rhaid imi ddweud wrth neb o'm cyfnod mai dysgu rhes o ddigwyddiadau a dyddiadau oedd dysgu hanes, ac mai dysgu enwau penrhynoedd, mynyddoedd, baeau, etc, oedd dysgu daearyddiaeth. Llafar ganem y rhai hyn fel corws, y dôn yn ei ffurfio ei hun wrth inni fynd ymlaen. Ni wnâi'r llyfrau a gaem i ddysgu daearyddiaeth ddim byd ond gofyn cwestiynau a rhoi'r atebion, a ninnau'n dysgu'r atebion fel parotiaid. Dyma un a gofiaf, 'What are the products of the Ganges basin?—Sugar, cotton, indigo, rice, wheat, opium, tobacco, hemp.' Dysgu'r atebion ar gof y byddem, ac ni roddid unrhyw syniad inni beth oedd cefndir bywyd y trigolion na sut y tyfid y pethau hyn. Cofiaf ryw lyfrau darllen a fyddai gennym a'u hamcan yn ddeublyg, sef dysgu inni ddarllen Saesneg, a dysgu inni am natur. Sgyrsiau am natur rhwng tad a'i blant oedd y llyfr, a'r dywediad pwysicaf a gofiaf ynddo oedd, 'said Fred'. Yr oedd y pethau a ddywedai'r Fred hwn am natur yn gwneud imi ei gasáu, ac i'm dychymyg i, y pryd hwnnw hyd yn oed, yr oedd y bobl yn bwysicach na dim a ddywedent. Gallaswn lofruddio'r Fred hwn a'i dad gyda phleser.

Y pwnc y rhoddid mwyaf o sylw iddo yn yr ysgol fyddai rhifyddiaeth, neu 'syms' fel y galwem ef. Y peth cyntaf yn y bore, yn ein sefyll, fyddai rhifyddiaeth yn y pen (*mental arithmetic*) a'r cyflymaf a chywiraf ei feddwl yn pasio i fyny yn nes i ben y cylch. Yna aem i'n desgiau a chael rhifyddiaeth a gweithio syms ar ein llechi, yn ddiweddarach, mewn copïau. Felly bob dydd, hyd onid oeddem wedi gwneud digon o rifyddiaeth cyn gadael yr ysgol elfennol, ar gyfer arholiad Gadael Ysgol y Bwrdd Canol, ag eithrio dwy adran fechan. Byddwn yn hoffi'r pwnc hwn, yn enwedig os caem broblem i'w datrys, heb gyfarwyddyd sut i fynd ati. Caem eistedd yn y wers wnïo, ac i sgrifennu traethodau hefyd; am y gweddill o'r gwersi, sefyll bob amser, a slaes efo chansen ar draws ein traed, os deuem dros y llinell sialc. Y wers y caem fwyaf o lonyddwch a heddwch ynddi fyddai gwnïo.

Ni chofiaf yn iawn beth oedd cyfrwng ein haddysg— credaf mai hanner yn hanner o Gymraeg a Saesneg. Byddai'n anobeithiol i neb allu dysgu dim inni yn Saesneg yn gyfangwbl, gan na ddeallem ddim o'r iaith honno. Cofiaf i'r prifathro geisio am un wythnos ein rhwystro rhag siarad Cymraeg, drwy ein curo os gwnaem hynny. Ond dim ond am wythnos y parhaodd hynny. Mae'n debyg iddo weld ei bod yn anobeithiol ein rhwystro. Fe ddysgid y Gymraeg inni fel pwnc, gramadeg a chyfieithu yn unig, allan o ryw lyfr coch. Byddem yn cydadrodd gyda'n gilydd, 'Canaf, ceni, cân', etc. Pan arholid ni yn y pethau hyn ar bennau ein hunain, ni fedrwn i byth ddweud, 'Canaf, ceni, cân', yn gywir. Ond medrwn eu defnyddio yn gywir iawn mewn brawddegau, diolch i'm haddysg yn yr ysgol Sul. Ni ddysgem farddoniaeth Gymraeg fyth, ag eithrio dau ddarn y cofiaf eu dysgu yn ysgol y babanod, sef 'Wrth ddychwel tuag adref' ac 'Aros mae'r mynyddau mawr'. Dysgem beth barddoniaeth Saesneg, Shakespeare gan mwyaf. Fel yn y Gymraeg, gramadeg Saesneg a bwyid i'n pennau. Ie,'pwyo' yw'r gair, oblegid wrth ddysgu dadelfennu brawddeg a dosbarthu gwaith geiriau mewn brawddeg ('analeisio' a 'pharsio', fel y galwem hwynt) dysgu fel parot y byddem, cael enghreifftiau wedi eu paratoi, ac yna dweud y rheiny a'r dadelfennu, etc, ar ôl yr athro lawer gwaith.

Caem ein curo am bob dim, am fod yn hwyr, am fethu ateb, am siarad ac am bob drygioni. Daeth rhyw chwiw wirion i'r ysgolion o ddal eich pin dur mewn ffordd neilltuol i ysgrifennu, drwy ddal eich bysedd allan i gyd yn wastad ar y pin. Llyncodd y prifathro y chwiw, a deuai o gwmpas gyda chansen. Os gwelai figwrn i fyny, i lawr â'r gansen yn galed ar y migwrn, a hynny yn y gaeaf pan fyddai'r grepach ar ein dwylo. Fy mhechod parotaf i oedd siarad yn y gwersi anniddorol. Os na byddai diddordeb yn y wers, yna creai geneth arall a minnau ein diddordeb ein hunain drwy wau stori yn ddistaw efo'n gilydd. Stori am anifeiliaid fyddai'r stori hon, a'r prif gymeriad ynddi, o bob dim, fyddai dafad fawr ddylach na'r cyffredin. Âi'r stori ymlaen o ddiwrnod i ddiwrnod, a thyfodd yn saga fawr. Stori ddigrif oedd, ac felly y caem ein dal, pan ddoem i'r troeon digrif yn y stori. 'Dwn i ddim ba sawl slap a gefais i a'm cyfeilles ar gorn y ddafad honno.

Anaml iawn y deuai dim i amrywio ar undonedd bywyd yr ysgol. Caem lawenydd mawr pan ddoi Mr Hughes, y Post, Rhostryfan, i rannu orennau inni cyn y

Nadolig. Cofiaf unwaith i ddyn ddyfod i'r ysgol efo arth ac i daflu ei lais. Gwnaed llwyfan bach iddo yng nghornel yr ystafell fawr. Ni chofiaf fawr am y perfformiad, ac y mae'n rhaid na fwynheais ddim arno. Aethai'r stori ar led y gallasai'r arth ein bwyta, a chofiaf na theimlais yn ddiogel nes imi gyrraedd adref y noson honno.

Dro arall y tynnwyd y partisiynau i lawr oedd i gael araith ymadawol y plismon plant. Daethai ei dymor i ben, a chafodd yntau annerch yr holl ysgol. Wedi iddo gyrraedd ei berorasiwn gofynnodd yn rheithegol, 'A oes yma unrhyw blentyn a fedar ddweud mod i wedi gwneud cam â fo yn ystod yr amser y bûm i'n treio eich cael i'r ysgol?' Ar hynny dyna law yn saethu i fyny o ganol y dyrfa plant. Llaw Griffith Jones, a alwem yn 'gwas bach', bachgen bach heb fod yn gryf ei iechyd. Yn hollol hunanfeddiannol, gofynnodd Eos Beuno, 'Wel, Griffith Jones, 'y machgen i, pa gam wnes i â chi erioed?' 'Dim byd,' ebe G Jones, 'dyn ffeind iawn gwelis i chi bob amser.' Ond ni chafodd Eos Beuno afael ar ei berorasiwn wedyn.

Byddai'n dda gennyf bob amser weld prynhawn yn dyfod i'w ddiwedd. Ar ddiwrnod glawog cyrhaeddem adref yn wlyb diferyd, ond byddai dillad sych yn y popty bach wrth ochr y tân yn ein disgwyl, a thamaid cynnes i'w fwyta. Yn y gaeaf byddai adeg swper chwarel mor agos i'r amser y deuem o'r ysgol, fel na byddai amser inni gael te, dim ond powlied o botes. Yna, wedi clirio'r bwrdd ar ôl bwyd byddai pawb â'i ben yn ei lyfr cyn nesed i'r lamp ag y byddai modd. Llyfrau Cymraeg fyddai'r rhai hynny bob amser, ac ynddynt hwy y caem ddiddordeb, nid yn y llyfrau ysgol.

Dylwn ychwanegu hyn am fy addysg :

Daeth y diweddar Mr Huw J Huws, a fu'n drefnydd athrawon Cymraeg ysgolion Caerdydd am flynyddoedd lawer, yn athro i Rostryfan pan oeddwn i yn y pedwerydd safon, ac oherwydd i'r athro hynaf ymfudo i America y flwyddyn ddilynol, gwnaed Mr Huws yn athro hynaf, a bu gyda ni yn y pumed, chweched a'r seithfed safon. Yr oedd yn athro gweithgar iawn, ac yr oeddwn wedi cyrraedd oed erbyn hynny i allu cymryd mwy o ddiddordeb mewn pethau a oedd yn anniddorol imi gynt. Deuthum i hoffi'r gwersi hanes, cofiaf y byddai'n rhoi un wers yr wythnos inni ar hanes datblygiad y Senedd. Daethom i wybod rhywbeth am Shakespeare hefyd. Mae'n wir mai darnau adrodd oedd y darnau, ond byddai ef yn egluro'r cysylltiadau inni, fel y deuem i wybod rhywbeth am y dramâu eu hunain.

Ar ôl i Mr Huws fyned i Gaerdydd, daeth Mr David Thomas (Bangor yn awr) yn athro i Rostryfan, a bu gwahaniaeth mawr yn y Gymraeg. Ymadawswn i â'r ysgol erbyn hyn, ond deuai fy mrodyr adref ac adrodd cywyddau Gwilym Hiraethog a darnau barddonol eraill.

Ond yr oedd gennym ddiwylliant arall, a chystal imi egluro yn y fan yma mai ystyr y gair 'gennym' yw fy ffrindiau yn ogystal â'm brodyr. Caem lawer iawn o fwynhad ar y mynydd, yn yr haf. 'Y Mynydd Grug' y galwem ni Foel Smatho, a rhan o'n gwaith yn yr haf fyddai mynd i'r mynydd i dynnu grug i'w roi o dan y das wair. Wedi inni ei dynnu, byddai'n rhaid ei gael i lawr i'r gadlas trwy wahanol foddion, weithiau mewn trol, a weithiau fe'i cerid ar y cefn mewn rhaff. Byddai un hen wraig yn gwneud hyn am dâl, ei dynnu a'i gario. Y grug hwn fyddai sylfaen y das, a phan ddechreuid torri'r das i'r gwartheg yn y gaeaf, cariem y grug gwywedig i'r cwt grug, a'i gario oddi yno fesul tipyn yn ffagl i ddechrau tân yn y bore. Rhan o waith fy mrodyr cyn mynd i'r ysgol yn y bore fyddai rhoi'r grug mewn bocs a dyfod ag ef i'r tŷ.

Gwaith un arall fyddai llnau'r cwt ieir, a'm gwaith i fyddai hwylio brecwast. Ond hoffem grwydro'r mynydd er ei fwyn ei hun, ac nid rhyw hoffter ffug yr hoffa rhai pobl farddonllyd sôn amdano oedd hyn, eithr hoffter a etifeddasom drwy genedlaethau o hynafiaid a dreuliasai eu bywyd ar fryniau Llŷn, Eifionydd ac Arfon. Pan fyddai ar blant Rhostryfan eisiau rhoi blas enwau arnom, 'Merlod mynydd' fyddai un o'r blas enwau hynny, ac fel 'hen blant y mynydd yna' y cyfeirid atom gan blant Rhostryfan. Ni byddai ein hawydd ni byth yn fawr am fynd i'r dref. Mae'n wir y dyheuem am fynd ar ddyddiau gŵyl, ond blinem ar ei phalmentydd caled a sŵn carnau ceffylau ei lorïau glo. Ac ni allaf feddwl am blentyn a faged fel y ni, yn medru 'torri cyt' mewn gwisg ginio mewn gwledd yn Llundain byth.

Gwir hyfrydwch inni oedd mynd i'r mynydd i droi ein traed fel y mynnem ar ddydd o haf. Darganfod am y tro cyntaf y llysieuyn hwnnw, 'Corn carw', a thynnu ei gordeddiadau cyndyn oddi am fonau'r grug, gan obeithio na thorrai cyn inni gael llathenni ohono. Yna hel gruglus, y llus bychain, chwerw eu blas, a dyfai yng nghanol y grug. Cymerai amser hir i gael digon i wneud teisen blat ohonynt, ond byddai'r deisen honno yn llawer gwell na theisen lus.

Ar ddiwrnod tawel, sŵn y trên yn mynd i mewn i'r bont a dyfod allan yn y pen arall yn Sir Fôn. Byddai'r bechgyn yn chwilio am nythod cornchwiglod ac yn pysgota yn y ffrydiau, ac ni chlywais i gystal blas ar frithyll byth wedyn ag ar y brithyll hynny a ddaliai fy mrodyr yn afon bach Pen Bryn. Ffrïai mam hwy mewn menyn. Trwy ganol y mynydd-dir hwn rhedai lôn gul a elwid yn Lôn Wen, oherwydd y garreg wen a oedd yn ei phridd.

Yn is i lawr, ac yn nes i'r Bont Newydd, rhyw hanner y ffordd rhwng Rhostryfan a rhan isaf y Waunfawr, yr oedd darn o dir a elwid yn 'Bicall'. Ni wn ystyr y gair, ond clywais Mr Gilbert Williams yn awgrymu mai'r 'Bicyll' oedd y ffurf wreiddiol. Yr oedd yno ddigon o goed cyll a choed mwyar duon, a dyma ein cyrchfan ni yn nechrau Medi. Os byddai'r ysgol heb agor byddem yn cychwyn ar doriad y dydd i hel mwyar duon i'r Bicall, gan obeithio mai ni fyddai'r cyntaf yno, ac y caem helfa fras wedi i'r coed gael llonydd dros y Sul. Gan y byddai llawer o'r un feddwl, ni byddai'r helfa mor fras, er y caem ddigonedd. Un peth a wnaem cyn cyrraedd adref efo'r mwyar duon fyddai gorwedd ar dop un cae a ddringem, cae hollol syth a elwid yn 'Cae Allt', a rowlio ar ein hochrau i lawr i'w waelod. Yr oedd gennym ddigon o ynni i ddringo i'w ben eilwaith. Yn anffortunus weithiau, fe rowliai'r fasged fwyar duon hefyd.

Anaml yr aem i gyfeiriad y chwarel, o'r hyn lleiaf y ni, genod. Byddai arnaf fi ofn edrych i waelod twll y chwarel. Ond yno yn y domen rwbel y darganfuom y rhedyn hwnnw a elwir yn 'rhedyn mynydd' neu 'redyn chwarel'—'parsley fern' yn Saesneg. Dotiem arno, a cheisiasom ei ddyfu gartref, ond ni welais neb yn llwyddo i'w ddyfu. Y llechen las oedd ei gysgod a'i nodd.

Yr uchod a'n bywyd o gwmpas y capel a'r ysgol oedd yn ein bywyd. Ni chrwydrem lawer oddi wrthynt. Caem fyned weithiau, ond anaml iawn, i'r dref ar brynhawn Sadwrn. Byddai plant y pentref i gyd yn cael mynd i'r dref, un ai ar ddydd Iau Dyrchafael neu ar Lun y Sulgwyn, llai ar y cyntaf. Yr oeddem ni yn rhan o'r lleiafrif, gan fod fy nhad a weithiai yn y Cilgwyn yn perthyn i Glwb Pisgah, a mwyafrif y rhieni a weithiai yn un o'r ddwy chwarel gyfagos, yn perthyn i Glwb Capel Wesla. Byddai'r cyntaf yn 'cerdded', h.y. cerdded mewn gorymdaith drwy'r dref ar ddydd Iau Dyrchafael, a'r olaf ar ddydd Llun Sulgwyn. Cymdeithasau dyngarol oedd y rhai hyn y cyfrennid iddynt ar gyfer salwch, cyn dyfod yr Yswiriant Iechyd. Byddem ni'n siomedig iawn mai ar ddydd Iau Dyrchafael y cerddai clwb fy nhad, gan fod mwy o hwyl a riolti yn y dref ar y Llungwyn. Cofiaf imi gael mynd unwaith ar y Llungwyn, drwy garedigrwydd pobl Tŷ Hen, y tyddyn nesaf, a oedd yn berchenogion car bychan dwy olwyn a merlen. Yr oeddynt newydd gael rhwber am yr olwynion a chloch am wddf y ferlen, a'r boddhad mwyaf a gefais y diwrnod hwnnw oedd clywed y ferlen yn tuthio, a minnau fel ledi yn y tu ôl. I wneud iawn am ein siom o beidio â myned i'r dref y dydd hwn, âi mam â ni am dro weithiau. Cofiaf unwaith inni gael y tro amheuthun o fynd gyda hi i hel danadl poethion i'r moch. Daeth ddannodd loerig arnaf fi, a bu'n rhaid imi droi'n ôl. Wrth ffrwcsio gyda'r goriad yn y drws, torrais y clo, a gorweddais â'm boch ar lawr oer y tŷ llaeth i dorri'r boen. Daeth nhad adref o rywle ddiwedd y prynhawn a berwodd wlydd dom a dal yr anger o dan fy wyneb. Cysgais y cwsg melysaf a gefais erioed.

6

CHWARAEON PLANT

Nid wyf am ymddiheuro am roi pennod ar chwaraeon plant yn y fan yma, oblegid credaf eu bod gymaint rhan o'n diwylliant â dim; ac efallai y bydd y ffeithiau o help i haneswyr rywdro. Nid rhaid i neb ddarllen y bennod hon, os dymunant beidio.

Y mae un peth na ellais erioed ei ddeall ynglŷn â chwaraeon plant. Sut y mae plant yn gwybod pa bryd i newid o un chwarae i'r 'llall Nid chwarae pob math o bethau ar draws ei gilydd y bydd plant, ond daw clefyd poeth o chwarae cylchyn, o chwarae marblis, chwarae top, neu chwarae barcud. Ni ŵyr neb na'r dydd na'r awr y dechreua'r clefyd, ond y mae'n dechrau ymhob ardal yr un pryd. Bydd plant Pwllheli a phlant Caernarfon, plant y Waunfawr a phlant y Felinheli yn chwarae'r un peth ar yr un amser o'r flwyddyn. Dyna un o ddirgeledigaethau'r Cread i mi. Nid yw chwaraeon plant wedi newid llawer er pan oeddwn i'n blentyn. Mae dull y chwarae wedi newid ond nid y chwarae ei hun. Yr wyf fi'n cofio y chwyldro mawr a fu mewn chwarae marblis.

Chwarae marblis gyda sglent y byddid pan oeddwn yn fychan. Darn o lechen denau oedd sglent. Rhoddid marblen yr un gan y chwaraewyr mewn cylch ar y ffordd (ac yr oedd heddwch ar y ffordd y pryd hynny). Sefid ychydig lathenni i ffwrdd, y chwaraewyr i benderfynu'r pellter, a lluchid y sglent at y marblis. Os llwyddid i luchio'r marblis allan o'r cylch, yna cadwai'r enillydd y marblis. Os na luchiai ddim ond un, cadwai honno. Wedyn, rhoddid dwy yr un i mewn, etc. Yn lle defnyddio sglent, byddid hefyd yn defnyddio togo—sef marblen fawr wydr o wahanol liwiau, i hitio'r marblis allan. Yr oedd yn anos eu cael allan efo thogo nag efo sglent, ac yr oedd gan fechgyn fantais, gan eu bod yn gallu sodro neu daro'r togo yn well na genethod. Ond daeth newid, aeth y marblis cylch allan o fod, a daeth marblis twll yn eu lle. Yn lle cylch, byddai twll ar y ffordd, sefid bellter i ffwrdd, a cheisid lluchio'r farblen i mewn i'r twll. Os nad âi i mewn ar y tro cyntaf, gellid myned ati, a cheisio ei chael, nid trwy ei lluchio, eithr gyda'r bys wedi ei hitio yn y bawd yn gyntaf, neu ei lluchio i mewn drwy ei hitio gyda'r togo. Y cyntaf i gael ei farblen i mewn ar y tro cyntaf a enillai'r marblis. Chwarae cybyddion oedd chwarae marblis, neu chwarae pobl yn gwneud arian. Byddai'r rhan fwyaf o'r plant yn dechrau'r tymor gyda gwerth dimai, rhyw hanner dwsin i fyny i ddeg o farblis, glân newydd. Byddai'r lleill yn dechrau efo chydaid o'r tymor cynt. Yn y gobaith o ennill, byddem yn gwneud warpaig, sef bag o ryw hen ddefnydd y caem afael arno, a llinyn crychu i gau ei geg. Ar ddiwedd tymor byddai gan rai lond warpaig fawr o farblis, a choleddai hwynt yn hollol yr un fath ag y coleddai cybydd ei bres. Cofiaf fod gan Dei, fy mrawd ieuengaf, lond warpaig go fawr ar ddiwedd un tymor, a dweud y gwir yn ddistaw bach, yr oedd fy mam yn cymryd diddordeb mawr ynddi, a chadwyd hi'n ofalus yng nghwpwrdd y palis. Ond rhwng hynny a'r tymor nesaf diflannodd y warpaig a'i chynnwys, a mam a oedd fwyaf ei helynt yn ei chylch. Holai a stiliai, a Dei ei hun yn bur ddigynnwr', ac yn osgoi pob holi.

Modd bynnag, yr oedd gwraig ein gweinidog acw ryw ddiwrnod, a dyma hi'n dweud stori bach dlos iawn am Dei a'i merch Dilys. Plant rywle rhwng wyth a deuddeg oed oeddynt ar y pryd. A stori Mrs Curig Williams oedd, ei bod yn edrych allan drwy ffenestr y parlwr ryw ddiwrnod a gweled bechgyn o'r ffordd yn lluchio topis i'w gardd at ei genethod a chwaraeai yno. Ni allai hi weled pwy oedd y bechgyn a luchiai'r topis, ond yn y man fe hitiwyd Dilys yn ei phen â thopen, ac aeth i grio. Toc, daeth Dei, fy mrawd, i'r ardd a rhoi ei fraich am wddw Dilys i geisio ei chysuro. Amlwg ei fod yn credu mai ei dopen ef a'i hitiodd. Drannoeth, aeth â'i warpaig a'i farblis iddi, fel iawn dros ei bechod.

Chwarae a thipyn o farddoniaeth yn perthyn iddo oedd Pont y Seiri. Ffurfiai dau blentyn bont drwy gydio dwylo a sefyll gyferbyn â'i gilydd. Byddai'r holl blant eraill yn sefyll y tu allan i'r bont, ac un arbennig ar y blaen. Byddai un o'r ddau ar ben y bont yn gofyn:

> 'Pwy ddaw, pwy ddaw trwy bont y seiri?'
> Yna byddai blaenor y dorf tu allan yn gweiddi:
> 'Myfi, myfi, a'm holl gwmpeini.'

Yna deuai'r cyntaf o'r dorf ymlaen a thu mewn i'r canllawiau, a gofynnid yn ddistaw iddo, 'Pa un fasa orau gin ti, llond cwpwrdd gwydr o aur, ynte llond trôr o berlau?' Dylswn ddweud y byddai dau ben y bont wedi dewis un o'r pethau yna ymlaen llaw, ac ni wyddai'r un a holid dros beth y safai p'run. Wedi i'r plentyn ddewis âi a sefyll y tu ôl i'r un a safai dros y peth hwnnw, a rhoi ei freichiau am ei wasg. Wedyn eid drwy'r un cwestiwn ac ateb, hyd nes dihysbyddid y dorf i gyd. Erbyn y diwedd byddai'r ddwy garfan yn weddol gyfartal, os byddai'r pethau a oedd i'w dewis yn weddol gyfartal; ac yna ceid tynnu nes byddai un garfan wedi trechu'r llall. Nid yr enghraifft a roddais yn hollol oedd y pethau y caem ddewis ohonynt, ond rhywbeth cyffelyb. 'Oranges and lemons' y gelwid y chwarae yn Saesneg, ond ni allaf ddweud ai rhwng y ddau ffrwyth yna y byddai'r Saeson yn dewis bob tro. Ond gwn y byddai gennym ni amrywiaeth o ddewis, ond nid pethau syml fel oren a lemon fyddent byth, ond pethau nas gwelsom erioed ac nas gwelwn fyth, megis llond cwpwrdd o aur neu lond trôr o berlau. Gallem roddi ffrwyth i'n dychymyg, a chael pleser wrth eu dychmygu, hyd yn oed os na chaem eu gweld.

Yr wyf wedi anghofio peth o'r chwarae pum carreg er mai dyma fy hoff chwarae pan oeddwn yn blentyn. Chwarae i enethod ydoedd, ac yn un heb gweryla na gwthio na thynnu— un y medrech ei chwarae ar eich pen eich hun. Yr oedd yn rhaid cael pum carreg lefn, gorau po lyfnaf. Yna dodi siôl neu glustog ar y bwrdd. Yr oedd y darnau elfennol yn hawdd. Rhoddid un garreg ar y siôl, taflu carreg arall i'r awyr, a phigo'r garreg i fyny oddi ar y siôl fel y byddai'r garreg arall yn disgyn i'ch llaw. 'Codi un' y gelwid hynny. Yna dodid dwy garreg ar y siôl, yna dair, yna bedair, taflu un garreg i fyny a chasglu'r lleill. Wedyn, yr oedd pethau anos i'w gwneud, megis dodi pedair o'r cerrig ar ffurf sgwâr, lluchio un garreg i fyny, a thra fyddai honno yn yr awyr, cymryd eich bys a hel y cerrig eraill at ei gilydd, un ar y tro, yna casglu'r pedair i'ch llaw fel o'r blaen. Ni allaf gofio'r pethau cymhleth yma i gyd. Ond yr oedd un a elwid yn 'smwddio'. Rhoddid tair carreg ar y siôl ar ffurf hetar, cedwid un garreg yn y llaw, a lluchid un i'r awyr. Ond yr oedd yn rhaid rhoi'r garreg a oedd yn y llaw i lawr yn lle un o'r cerrig eraill, h.y. pigo un garreg i fyny a dodi'r un yn y llaw yn ei lle, a disgwyl y llall o'r awyr. Nid oedd hynny yn anodd gyda'r garreg gyntaf, ond gyda'r ail a'r drydedd, yr oedd yn rhaid i chwi nid yn unig newid y garreg yn eich llaw ag un ar y siôl, ond yr oedd yn rhaid i'r un yn eich llaw ddisgyn wrth ymyl y gyntaf a phigo'r llall i fyny, a gorfod gwneud hyn cyn i'r garreg ddisgyn o'r awyr. Wedi i chwi gael y tair at ei gilydd, taflu'r garreg i'r awyr eto, a gollwng yr un yn eich llaw wrth ymyl y lleill. Yna, fel o'r blaen, casglu'r pedair at yr un a luchid. Fel yna y byddai'r diwedd bob tro. Sylwer fel yr oeddem yn anfodlon ar wneud yr hyn a oedd hawdd gyda'r chwarae hwn a chwarae marblis. Mynd ymlaen at yr anodd y byddem o hyd.

Byddaf yn mynd yn gaclwm gwyllt bob tro y clywaf bobl yn sôn am 'swing' (fel y gwneir o hyd ar y radio, neu ei ddarllen mewn stori). 'Siglen 'denydd' oedd ein gair ni. Hyd yn oed os oedd yr enw yn un lleol, credaf fod y gair 'siglen' ei hun yn un ardderchog am 'swing'. Byddem yn clymu rhaff wrth ddwy goeden a rhoi sach i'r plentyn eistedd arno. Fe ddaeth cynllun gwell wedyn o gael darn o bren a dau dwll ynddo, a rhoi'r rhaff drwyddynt, er mwyn i'r plentyn gael eistedd yn fwy cysurus. Nid ein siglo ein hunain y byddem, fel y gwelwn blant mewn parciau chwarae heddiw, ond byddai rhywun yn gafael yn y rhaff a rhoi hergwd iddi, a'r sawl a fyddai ar y siglen yn cael ias o ofn braf wrth fynd drwy'r awyr. Gellwch, o gofio am yr ias hon o ofn, ddeall peth o awydd llanciau ifainc am ehedeg mewn llong awyr.

Ni chaem gyfle i chwarae 'tonnau'r môr' yn aml, gan fod yn rhaid cael styllen go fawr a chref i'w chwarae. Ar yr unig achlysur imi gofio adeiladu tŷ newydd yn agos inni, fe gawsom ddigon o chwarae tonnau'r môr. Aem yno wedi i'r gweithwyr fyned adref, a rhoi'r ystyllen ar draws casgen, neu ar draws pentwr o bridd a godasid wrth wneud y sylfaen. Y peth oedd, yr oedd yn rhaid i'r pentwr pridd neu'r gasgen fod yn uchel, neu byddai ein pas ni i'r awyr yn isel. Hefyd yr oedd yn rhaid bod yn ofalus bod cadw canol ystyllen ar y gasgen, neu fe deflid un i'r llawr. Yr oedd eisiau cryn fedr i chwarae tonnau'r môr a chael yr ias o bleser wrth fyned i fyny ac i lawr. Ond nid oedd dim harddach na gweld y styllen yn mynd i fyny ac i lawr a phlentyn ar bob pen iddi, a'i symudiadau mor rheolaidd â rhwyfau ar afon.

Erthyl o air yw'r gair 'sgipio' a glywir ac a welir heddiw, hyd yn oed gan athrawon. Ni chlywais y gair 'sgipio' erioed yn fy hen gartref, dim ond 'neidio trwy gortyn'. Rhaff wair a fyddai gennym ar y cychwyn, er mawr ofid i nhad pan ddeuai hi'n gynhaeaf gwair, ac eisiau rhaffau i rwymo beichiau. Yr oedd yn rhaid cael rhaff weddol hir, pan fyddai dau yn troi, ac un neu ddwy yn myned i mewn i'r rhaff i neidio. Hwn oedd y chwarae anhawsaf, ni allai genethod bach iawn ei chwarae (a chwarae i enethod yn unig ydoedd). Gallai'r rhai a droesai'r rhaff newid y symudiad yn sydyn, a chyflymu gymaint fel na fedrai ein traed gyflymu digon. Y sawl a enillai'r gamp fyddai'r un a ddaliai hwyaf i neidio dros y cortyn heb iddo'i baglu. Wedyn y daeth y rhaff i un, a phrynid hon yn y dref, gyda darn o bren ar bob pen i'r llaw afael ynddynt. Nid oedd neidio ar ei ben ei hun mor anodd, gan y gallech lywio symudiad y cortyn i ateb symudiad eich traed. Ond o safbwynt ymarfer i'r holl gorff, yr oedd yn well. Ni wn am unrhyw ymarfer gwell i'r holl gorff na neidio trwy gortyn ar eich pen eich hun, yn enwedig os gwneid ef y ddwy ffordd, trwy droi y cortyn at ymlaen, ac at yn ôl. Amrywid symudiad y traed hefyd, yn lle neidio a chodi'r ddau droed gyda'i gilydd, gellid eu codi ar yn ail. Meddylier am yr ymarfer a gâi'r traed, y coesau a'r breichiau, ac yn wir, yr holl gorff.

Chwarae poblogaidd ymhlith genethod oedd chwarae

'london' (ynganer mor Gymreigaidd ag y mae modd), a elwir heddiw yn 'Hop-scotch', ac y sydd wedi newid llawer, ond nid mewn egwyddor. Ar y ffordd y chwareid hi, a mercid 'caeau' allan â sialc neu â llechen. Yr oedd london wyth gae a london deuddeg cae, chwe chae bach a dau gae mawr yn un, a naw cae bach a thri mawr yn yr un fawr. Y gamp oedd cicio tôn (darn o garreg neu bren) ag un troed o un cae i'r llall a thrwy'r london i'r pen, heb roi'r troed arall i lawr, a heb i'r tôn fynd ar y llinell. Canfyddem fod y tôn pren yn rhy ysgafn, ac nid oedd wybod ym mha le y disgynnai, yr oedd yr un garreg yn sadiach, er ei fod yn difetha mwy ar ein hesgidiau neu ein clocsiau. Os disgynnai'r tôn yn agos i'r llinell, yr oedd yn anodd ei gael i'r cae arall, oblegid yr oedd yn rhaid ei gael ag un gic ac heb roi eich troed ar y llinell o gwbl. Dyna paham ei bod yn anos chwarae london â chlocsiau, gan eu bod yn lletach, ac felly yn anos myned â hwy i le cyfyng rhwng y tôn a'r llinell i fedru symud y tôn i gae arall. Os gallech fyned yn ddidramgwydd trwy'r london i gyd heb roi eich troed i lawr, heb i'r tôn fyned ar y llinell, a symud o gae i gae ag un gic, yna caech gychwyn wedyn, a'r un a âi felly heb fethu fwyaf o weithiau a enillai'r gamp. Yr oedd rhai ohonom wedi dyfod yn gymaint o feistriaid ar y chwarae hwn oni wyddem i'r dim sut dôn a weddai i'n troed, a byddem yn byrticlar iawn wrth ddewis un, cael carreg rhyw fodfedd o dew a rhyw dair neu bedair modfedd ysgwâr, ac mor esmwyth ag oedd yn bosibl. Wedi cael tôn felly, cadwem ef yn ofalus.

Chwarae i enethod oedd 'Jinni Jones', er yr ymunai'r bechgyn weithiau i gael hwyl am bennau'r genethod yn crïo ar y diwedd, a dyrsu ein sbort drwy chwerthin yn lle crïo eu hunain. Byddai un eneth yn cynrychioli'r fam, ac yn sefyll wrth ryw gongl neu gilfach a wnâi'r tro i gynrychioli tŷ. Byddai geneth arall y tu ôl iddi—Jinni Jones—yn guddiedig os byddai hynny'n bosibl. Deuai'r dorf genethod at y tŷ, curo'r drws, a llafarganu, 'Ddaw Jinni Jones i chwarae?' Atebai'r fam, 'Na ddaw, mae hi'n golchi' (neu'n gwneud rhyw waith arall). Deuai'r genethod yn ôl a llafarganu wedyn yr un fath, ac atebai'r fam ei bod yn gwneud rhywbeth arall. Yna digwydd newid sydyn yng nghanol y chwarae, tarewir Jinni Jones yn wael, a phan ddywed y fam hynny, mae ganddynt hwythau ateb, 'Drwg iawn wir' (a lafargenir). Pan ddônt yn ôl y tro nesaf mae Jinni Jones yn waeth, ac mae mwy o deimlad yn y 'Drwg iawn wir'. Yn y diwedd mae Jinni Jones yn marw, a'r plant yn crïo, ond yn gwella'n ddigon da i ofyn pryd mae'r cynhebrwng. Yna cludir Jinni Jones gan bedair a'i dodi ar laswellt i orwedd. Yn ei llyfr ar lên gwerin dywed Countess Martinengo-Cesaresco, mai chwarae yw hwn sy'n perthyn i nifer o wledydd, ac o dan yr enw rhyddieithol Jinni Jones y ceir y Ffrangeg, 'Jeanne ma joie'. Rhydd hi y ffurf Saesneg yn ei llyfr, ac yn honno, nid yw'r plant yn dweud dim mewn atebiad, dim ond gofyn y cwestiwn. Maent yn hollol ryddieithol drwy'r chwarae, a gofynnant beth ddylai lliw eu dillad fod yn yr angladd. 'Chwarae ar gân' y geilw'r awdur y math yma o chwarae, a thybia mai rhywbeth tebyg i hyn oedd y drasiedi gyntaf a actiwyd erioed, cyn amser Aeschylus, a pheth hollol naturiol yw i blant gael eu tynnu at y pethau trist hyn. Galar fel hyn yw eu llawenydd. Digon tebyg mai o Loegr y daeth y chwarae hwn i Gymru, a byddai'n ddiddorol gwybod pwy a'i cyfieithodd i'r Gymraeg. Pe benthycid y chwarae heddiw, mae'n sicr mai yn Saesneg y gwneid hynny.

Yna, yr oedd chwaraeon a oedd yn gyffredin i'r wlad,

'Kiss in the ring' a elwid gennym ni yn 'Chwarae Cîs', 'Donci Mul' (Leap frog) i'r bechgyn. Chwarae coetiau i'r bechgyn eto. Bechgyn a fyddai'n chwarae sbondio hefyd. Teflid botwm gan un, a botwm gan un arall ar y wal. Yr un a fedrai rychwantu'r pellter rhwng y ddau fotwm efo'i fawd a'i fys bach a gâi gadw'r ddau fotwm. 'Pin a wela sioe' hefyd, lle y codid pin am gael gweld rhywbeth a debygem a fyddai'n werth ei weld.

Byddai'r bechgyn yn chwarae cylchyn efo bach, gyrru'r cylchyn ar hyd y ffordd yn y bach, gwaith go anodd. Wedi methu, byddai rhai yn gadael i'r cylchyn rowlio ei hun a'i hitio rŵan ac yn y man efo'r bach. O efail y gof y ceid y cylchyn a'r bach, a pharhâi am byth.

Ddiwedd Awst byddai'r bechgyn yn chwarae 'barcud', na nid *kite*. Byddai paratoi mawr ar wneud y barcud, chwilio am hen weiren ambarél yn ffrâm a darn o bren, papur a phast—a chynffon. Y peth mawr oedd cael pwysau cywir i'r barcud, er mwyn iddo fynd i fyny yn iawn a pheidio â disgyn. Y pleser oedd ei weld yn esgyn i'r uchelderau yn ysgwyd ei gynffon ac yn edrych i lawr arnom, oblegid byddid wedi gofalu rhoi llygaid a thrwyn a cheg iddo.

Yna byddai gennym chwaraeon o'n dyfais ni ein hunain. Yr oedd llawer o'r chwarae tŷ gennym ni ein hunain yn waith dychymyg, er bod chwarae tŷ fel chwarae efo dol, yn perthyn i bob gwlad. Ond gwaith ein dychymyg ni fyddai gwisgo'r ddol, neu'r gath, os na byddai gennym ddol, a gwaith ein dychymyg ni fyddai penderfynu lle byddai'r dresel i fod yn y tŷ, sut fwsog i gynrychioli carped, faint o droadau a fyddai yn llwybr yr ardd. Wedyn, byddem yn gwisgo amdanom yn nillad rhai hŷn, a beth mwy difyr na mynd i ryw hen gist a thynnu allan ddillad yn perthyn i oesoedd cyn y dilyw, a gwisgo amdanom ynddynt? Cofiaf fod gan mam hen gêp. Cepiau a wisgid gan ferched gweddol ifanc yn niwedd y bedwaredd ganrif ar bymtheg. Cêp o sidan du a phatrwm blodau o'r un lliw oedd y gêp hon, lês o gwmpas ei hymyl a leinin satin coch ynddi. Gwisgwn hi o'r tu chwith allan fel sgert, a meddwl fy mod yn grand ddychrynllyd. Cofiaf sgert arall gan fy mam o sidan caerog du, a rhesi o sidan caerog gwyrdd ynddi, a degau o fân ffriliau o'r un defnydd yn ei haddurno.

Mae'n siŵr mai bodloni rhyw reddf greadigol y byddem drwy dorri ymaith oddi wrth y chwaraeon arferol a mynd at y rhai gwreiddiol a gyfansoddem ein hunain. Byddai'r rhai hyn yn debyg i straeon ac yn tyfu weithiau i fod yn un stori fawr.

Ni wn i beth oedd arwyddocâd yr holl chwarae hyn, byddai gan seicolegwyr eu heglurhad, y mae'n debyg. Ond wrth edrych dros y chwaraeon y soniais amdanynt eisoes, chwi welwch eu bod yn eu rhannu eu hunain i wahanol fathau. Rhai ohonynt, megis chwarae marblis, pin a wela sioe, sbondio, yn bodloni'r ysfa am gasglu, a hefyd yn dangos medr. Chwarae london, neidio trwy gortyn, yn dangos medr. Chwarae siglen a thonnau môr yn rhoi pleser corfforol inni. Jinni Jones yn bodloni'r teimladol yn ein hysbryd, chwarae tŷ a doliau yn rhoi cyfle i'n dychymyg. Yr oedd yna chwaraeon rhyfygus hefyd, a fodlonai ein dyhead am y peryglus o hyd, megis dringo coed a neidio o uchder mawr i lawr, slefrio ar y rhew yn y gaeaf uwch ben ceunant i'r ochr arall. Mae swyn i'r rhan fwyaf o bobl ieuainc mewn perygl.

7

FY NHEULU

Cymeraf ddiddordeb mawr mewn tras, nid oherwydd balchder, ond oherwydd chwilfrydedd. Hoffaf wybod o ba le y deuthum, a cheisiaf ddychmygu sut bobl oedd fy hynafiaid, ac mae'r hyn a wnaethant yn y byd o ddiddordeb mawr i mi. Hyd y gwelaf, pobl falch o'u crefft oedd fy hynafiaid o bobtu, a phobl y gellid dibynnu arnynt.

Bydd yn well imi ddechrau gyda theulu fy mam, gan fod mwy o hanes iddynt, oherwydd iddynt fod yn llai symudol na theulu fy nhad. Yr wyf yn ddyledus iawn i Mr Gilbert Williams, Rhostryfan, am lawer o wybodaeth a gefais ganddo amdanynt. Bu tipyn o sôn am un ochr i'r teulu yn *Y Genedl* yn y flwyddyn 1936, oherwydd i ddisgynnydd i frawd hynaf fy nain a oedd yn byw yn Efrog Newydd, ysgrifennu i'r *Genedl* am y teulu. Ni byddwn i'n gweld *Y Genedl* y pryd hynny, ond casglaf fod Mr Gilbert Williams wedi crybwyll teulu fy nain yn y golofn 'Lloffion' a ysgrifennai i'r papur hwnnw.

Ganed fy nain, Catrin Cadwaladr, mam fy mam, yng Nghefn Eithin, tyddyn heb fod yn bell o'r Groeslon a Llanwnda, yn Sir Gaernarfon, ddydd Gŵyl Ifan, 1823. Merch Cefn Eithin oedd mam fy nain, a briodasai â Hugh Robinson. Dywed John W Davies, y perthynas o Efrog Newydd, yn ei lythyr yn *Y Genedl*, ei fod yn deall mai dyn wedi ei achub o longddrylliad (nid yw'r môr yn bell o Gefn Eithin) oedd Hugh Robinson, ac mai ef oedd y cyntaf o'r enw, ac iddo briodi â merch y dyn a oedd yn ffermio Cefn Eithin i Arglwydd Newborough. Ond nid yw'n wir mai ef oedd y cyntaf o'r enw, ac felly annhebyg yw'r stori am y llongddrylliad. Ŵyr oedd Hugh Robinson i William Robinson, Plas Mawr, y Groeslon, a aned yn 1729. Casglaf oddi wrth yr ohebiaeth yn *Y Genedl* fod y Robinsiaid yng Nghymru er adeg y Tuduriaid. Yr oedd cangen ohonynt yn Nyffryn Nantlle, ac yng Nghaernarfon hefyd mi gredaf. Aeth plant Hugh Robinson yn Hughes, yn ôl arfer yr oes honno o gymryd yr enw cyntaf yn gyfenw. Ond dywed Mr Gilbert Williams mai wrth yr enw 'Cadi Robins' yr adwaenai ei fam ef fy nain. Fy nain oedd yr ieuengaf o dŷaid mawr o blant, a phan oedd hi yn ddyflwydd oed daeth clefyd i Gefn Eithin, a chymerodd ei modryb fy nain ati i Bont Wyled gerllaw. Nid aeth hi byth yn ôl i Gefn Eithin, ond aros gyda'i modryb. Dywedir stori am fy nain a'i brawd hynaf, Hugh Hughes, taid y John W Davies uchod. Mae'n siŵr fod Hugh gryn ugain mlynedd yn hŷn na'm nain, ac ar ôl priodi fe aeth i fyw i Gaernarfon. Un diwrnod daeth dyn at fy nain ar y stryd yn y dref a gofyn iddi, 'Dwad i mi, Cadi fy chwaer wyt ti?' Nis adwaenai'r ddau ei gilydd, oherwydd ei magu hi ym Mhont Wyled. Saer maen ar stad y Faenol ar hyd ei oes oedd yr Hugh Hughes yma, ac yr oedd yn un o'r rhai a adeiladodd Wal y Faenol rhwng y Felinheli a Bangor. Dywed John W Davies, yn yr un llythyr, fod Hugh Roberts, cyfreithiwr a oedd yn byw yn Llwyn Brain, Llanrug, yn gefnder i'w daid, ac felly i'm nain. Yr oedd yr Hugh Roberts hwn yn berthynas i deulu Trefarthen, Sir Fôn, ac i'r Barnwr Bryn Roberts, ond ni ŵyr awdur y llythyr sut yr oedd yn perthyn. Os nad oedd fy nain yn adnabod ei brawd hynaf, yr oedd digon o gyfathrach rhyngddi a'i chwiorydd. Priododd un chwaer iddi Lewis Williams, Pant Coch, Rhostryfan, gerllaw tŷ fy nain, y hi yn nain i'r diweddar Isander. Yr oedd chwaer arall iddi (ni wn ym mha le yr oedd hi yn byw) yn nain i W J Roberts, arolygwr ysgolion, a fu farw'n sydyn yn Llandudno yn ystod y rhyfel diwethaf. Aeth chwaer arall iddi, Martha, a nain gyda'i gilydd i Sir Fôn i weini ar fferm. Priododd Martha yno, ac ŵyr iddi hi oedd Mr J H Roberts, Ysgol Cybi, Caergybi. (Rhyfedd cymaint o'r teulu a briododd â Rhobertiaid!) Gwn hefyd fod hen lanciau Clogwyn y Gwin, Rhyd-ddu, yn ewyrthod i'm nain (ond ni wn sut). Chwi gofiwch yr ysgrif arnynt hwy yng *Nghymru Fu*, dynion a oedd yn enwog am eu nerth corfforol, ac yn baffwyr heb eu hail.

Mab Ty'n Drain, Llanaelhaearn, oedd fy nhaid, tad fy mam —Richard Cadwaladr, mab Cadwaladr ac Ann Ffowc. Dywed Mr Gilbert Williams fod y Ffowciaid yn Llandwrog ers ugeiniau o flynyddoedd. Credaf mai Cadwaladr Ffowc yw un o'r enwau tlysaf a glywais erioed, a phan af i'r byd nesaf, credaf yr af i chwilio amdano. Crydd ydoedd, a chrydd tlawd iawn yn ôl fel y clywais fy mam yn sôn. Ym Mhen y Groeslon, Rhostryfan, yr oedd yn byw pan fu farw. Ni allodd fforddio prynu dodrefn o unrhyw werth hyd oni phriododd fy nhaid, a'm taid a roes iddo'r dodrefn a fyddai y pryd hynny—cloc, dresel a chwpwrdd deuddarn. Priododd Mari Cadwaladr, chwaer fy nhaid, â Siôn Dafydd, mab Dafydd Siôn o Lŷn. Hon oedd y fodryb a alwai mam yn 'Modryb Bryn Llys'— yr oedd Bryn Llys wrth ymyl Pantcelyn, tŷ fy nhaid a'm nain, a bu'r teulu yno am genedlaethau lawer. Clywais fy mam yn sôn am chwaer arall i'm taid a fyddai'n arfer dyfod i Bantcelyn. Arferai hi smocio pibell glai, ac un o'r pethau cyntaf a ddywedai wedi cyrraedd fyddai, 'Lle mae dy bibell di, Dic?'

Ychydig flynyddoedd yn ôl bûm yn aros yn Llandwrog, a myned i'r fynwent yno. Rhyfeddais at y nifer o deulu fy nain a gladdesid yno, teulu Cefn Eithin. Gwelais fedd William Robinson, Plas Mawr, fy hen hen hen daid. Mae bedd Cadwaladr Ffowc, tad fy nhaid wrth ymyl bedd Glasynys, ac wrth ei ochr mae bedd John Cadwaladr, brawd fy nhaid a fu farw yn 24 mlwydd oed. Yn y gofrestr yn yr eglwys, darllenais mai yn Ffestiniog y bu farw, a geill mai ei ddisgynyddion ef (er na wn hynny, dyfalu yr wyf) yw'r teulu o'r un enw yn Ffestiniog. Dyfalu yr wyf y gallai fod ganddo blentyn, a bod ei wraig wedi ei chladdu yn Ffestiniog.

Cyn priodi yr oedd fy nhaid yn gweithio yn chwarel Llanberis, a nain yn llaethreg ar fferm yn Sir Fôn. Yr oedd merch ifanc yn cydweini gyda'm nain, ac yn caru gyda ffrind i'm taid, ac yntau'n gweithio yn chwarel Llanberis. Lladdwyd y ffrind hwn yn y chwarel, a gorchwyl prudd fy nhaid oedd myned yr holl ffordd i Sir Fôn i dorri'r newydd i'w gariad. Ar y pryd, yr oedd rhyw ffrigwd yn bod rhwng fy nhaid a'm nain, ac nid oedd Cymraeg rhyngddynt. Gyda char a cheffyl yr âi Richard Cadwaladr i Sir Fôn, ar ôl caniad, a chyrraedd yno berfeddion o'r nos, a thaflu graean ar y ffenestr. Tybiodd y ferch ifanc arall mai i weld fy nain y daethai, a thrist iawn fu ei ymweliad iddi hi. Ond y noson hon daeth fy nhaid a'm nain yn ffrindiau, ac ni buont yn hir wedyn cyn priodi.

Yn 1847 y bu hyn, ac aethant i fyw i Bantcelyn, tyddyn ar gwr pentref Rhostryfan, mewn rhan o'r ardal a elwir yn 'Caeau Cochion'. Yno y buont byw drwy gydol eu hoes faith. Bu'r mab hynaf yn byw yno wedyn, hyd ei farw, a'i fab yntau am flynyddoedd lawer. Yno y mae merch fy nghefnder yn byw yn awr.

Yn Eglwys Llanwnda y priodasant. Mae'n debyg mai Eglwyswyr oedd teulu Cefn Eithin, h.y. os oeddent yn mynychu lle o addoliad. Gwn i fam fy nain, gwraig Cefn Eithin, fyned i berthyn i gapel Brynrodyn yn ddiweddarach. Aeth blaenor ati i'r llawr a dweud wrthi, yn ôl dull yr oes honno, 'Mae'n siŵr ych bod chi'n ystyried ych hun yn bechadures fawr'. Dyma hithau'n dweud fel bwled o wn, gan snyffian ei gwrthwynebiad, 'Nac ydw i wir, 'tydw i ddim yn meddwl mod i ddim gwaeth na rhywun arall.'

Yr oedd brecwast priodas fy nain mewn temprans ym Mhen Deitsh, Caernarfon. Ar y pryd, yr oedd Owen Jones, Cae Morfudd, gŵr i'w chwaer, yn y carchar. A dyma pam (yr wyf yn ddyledus eto i Mr Gilbert Williams am y wybodaeth): Yr oedd gweithwyr chwarel y Cilgwyn yn 1847 heb eu talu gan y cwmni ers wythnosau, ac er mwyn ennill arian pan oedd y cwmni mewn anawsterau ariannol, penderfynodd nifer o'r chwarelwyr fyned i'r chwarel ar eu cyfrifoldeb eu hunain, er gwaethaf rhybuddion gan gynrychiolydd y Goron. (Mae'n debyg fod y gweithwyr yn gwerthu'r llechi ar eu liwt eu hunain.) Un diwrnod daeth y cynrychiolydd ar warthaf y gweithwyr, a threfnu i'w gwysio ger bron y llys gwladol. Dedfrydwyd wyth ohonynt i garchar. Dyma'u henwau: Owen Jones, Robert Griffith, William Hughes, John Davies, Robert Evan Davies, David Jones, Robert Parry a John Lewis. Am nad oedd eu trosedd o'r math cyffredin cafodd fy nain ganiatâd i anfon peth o'r brecwast priodas i'r carchar i'w brawd-yng-nghyfraith, Owen Jones.

Mae gennyf yn fy meddiant lun nodedig iawn, sef llun fy nhaid a'm nain a deuddeg o'u plant, a'r rheiny i gyd wedi priodi. Mae dros 65 mlynedd er pan dynnwyd y llun, ac mae ei liw bron yn berffaith, er ei dynnu gan ddyn heb fod yn dynnwr darluniau wrth ei alwedigaeth, a hithau'n tywallt y glaw. Sulgwyn oedd hi, a'r plant a oedd yn byw bellaf wedi digwydd dyfod adref dros yr ŵyl. Gallwyd anfon neges i'r rhai a oedd yn byw wrth ymyl, ac felly y cafwyd y llun. Ganed tri-ar-ddeg o blant ym Mhantcelyn, ond bu un farw yn bump oed o'r diphtheria, salwch a gafodd fy ewythr John yr un pryd ac a roes fyddardod parhaol iddo.

Nid wyf yn cofio llawer am fy nhaid, oblegid bu farw pan oeddwn i yn bedair a hanner oed. Ond cofiaf ef yn bur dda yn dyfod i'r tŷ lle y ganed fi, Bryn Gwyrfai, ychydig cyn inni symud oddi yno i Gae'r Gors, ac yn dweud wrth mam y byddai ganddo lai o ffordd i ddyfod i edrych amdani y tro wedyn, ac y câi sbario cerdded y gongl heibio i'r capel. Ond ni chafodd ddyfod, oblegid bu farw'n lled fuan wedyn, tua 74 mlwydd oed. Dyn gweddol dal, golygus ydoedd, o bryd golau a llygad glas; wyneb llwyd, addfwyn, a rhyw ddifrifwch ynddo. Dyna'r argraff a gaf oddi wrth ei ddarluniau. Yr oedd y deuddeg plentyn yn bur debyg i'w gilydd. a'r bechgyn, yn enwedig, yn debyg i'w tad. y cwbl o bryd golau iawn pan oeddent ieuainc. Yn wir, yr oedd yn hawdd iawn adnabod y Dywaldiaid, fel y gelwid hwynt. ymhobman. Saer coed yn y chwarel oedd fy nhaid yn ei flynyddoedd olaf, ac yr oedd yn gelfydd iawn gyda'i ddwylo. Yr oedd wedi troi rhyw siambar yn y tŷ, a elwid yn 'siambar dywyll' yn weithdy, ac yno, ac ef yn llifio, y rhedodd fy modryb Lusa, dair oed, a'r llif yn ddamweiniol yn torri ei bys bach i ffwrdd. Cofiaf yno seston lechen fawr o'i waith yn dal y dŵr glaw o dan y fargod. Er mai llawr llechi a gofiaf fi ym Mhantcelyn, buasai yno lawr pridd unwaith, a chodasai fy nhaid lwyfan fechan, ryw chwe modfedd o uchder ac yn ddigon llydan i ddal y dodrefn. Ar ran isaf y llechi hyn, cerfiasai luniau pysgod a phethau felly. Mae gennyf yn fy meddiant yma gestan drôr lechen fechan o'i waith a dyrnau pres iddi. A chofiaf hefyd gartref, esgid lechen wedi iddo ei gwneud, a ddefnyddid gennym i ddal y drws yn agored. Mae'n sicr gennyf mai ef hefyd a wnaeth y bwrdd llechen helaeth a fyddai yn y tŷ llaeth ym Mhantcelyn.

Y peth a ddaw gyntaf i'm meddwl wrth gofio am fy nain Pantcelyn yw cadernid. Hen wraig ydoedd pan gofiaf hi gyntaf —bu farw yn niwedd 1912 yn 89 mlwydd oed, a minnau ar ddechrau fy ail flwyddyn yn y coleg. Yr oedd yn gadarn iawn o gorff. Ni bu erioed yn sâl hyd o fewn deng niwrnod cyn ei marw, pan gafodd ergyd o'r parlys. Er ei bod mor hen, yr oedd ganddi gorff siapus, heb fod yn rhy dew nac yn rhy denau. Yr oedd ganddi dipyn o henc yn niwedd ei hoes, effaith damwain fechan a gafodd; ond nid effeithiodd hynny ddim ar ei chorff. Dau lygad glas, miniog a oedd ganddi, yn wir yr oedd yr un ffunud â'r hen wraig yn y darlun 'Salem', ond bod yr olaf yn ymddangos yn dalach. Credaf fod hen wragedd ers talwm yn ymddangos yn debyg i'w gilydd am nad oedd ganddynt ddannedd. Prin y cofiaf yr un hen wraig a chanddi ddannedd gosod.

Hyd y gwn hefyd, yr oedd fy nain yn bur gadarn o bersonoliaeth, dywedaf hyd y gwn, gan nad adwaenwn moni'n ifanc, a hyd y cofiaf hefyd, ni chlywais neb yn dweud ei bod yn styfnig yn ei henaint, peth sy'n nodweddiadol o hen bobl. Ond bu hi'n ddigon ffodus i osgoi'r amgylchiadau sy'n dyfod â styfnigrwydd hen bobl i'r golwg. Ni bu'n rhaid iddi ddibynnu llawer ar neb. Hyd y sylwais pan mae hen bobl yn colli eu haelwydydd eu hunain ac yn gorfod dibynnu ar bobl eraill yr ânt yn styfnig. Flynyddoedd cyn ei marw adeiladodd fy ewythr John, ei mab hynaf, dŷ yn nhalcen tŷ Pantcelyn a gwnaeth ddrws o un tŷ i'r llall, nid yn unig er mwyn medru myned i dŷ fy nain yn gynt, ond am mai ef a ddaliai'r tir y pryd hynny, a defnyddient dŷ llaeth yr hen dŷ. Medrai fy nain wneud y rhan fwyaf o ddyletswyddau tŷ hyd y diwedd, a gwnai ei merched-yng-nghyfraith y pethau eraill iddi.

Yr oedd rhyw lymder yn ei hwyneb—efallai mai yn ei henaint y daeth, a byddai arnaf fi ofn y llymder hwnnw braidd. Ni fedrai oddef ffolineb, ac ni fedrai oddef rhai pethau eraill ychwaith, megis os arhosech ar ei haelwyd yn rhy hir. Gwyddwn yn iawn pan fyddai wedi blino ar fy nghwmpeini, medrai ddangos hynny mewn rhyw ddull oer; a phan ddywedwn i, ''Rydw i am fynd rŵan', byddai ei 'Dos ditha' yn dangos yn eglur iawn beth oedd ei dymuniad. Yr oedd ei Chymraeg yn gadarn a chyhyrog, a diau bod ei 'Dos ditha' yn berffaith gywir yn y defnydd a wnâi ohono. Gyda llaw, byddai hi bob amser yn dweud 'dwyd' am 'deud' (dweud).

Ni wn a sylwasoch faint o rywbeth tebyg i ddirmyg sydd mewn rhai rhagenwau personol. Ni allaf feddwl am fwy o ddirmyg mewn dim nag mewn cwestiwn fel hyn: 'Beth sydd ar *hwnnw* neu *honno*?', a'r bobl sy'n siarad yn adnabod yr 'hwnnw' yn iawn.

Yr oedd gan fy nain drwyn synhwyrus, beirniadol, y math o drwyn y disgwyliech ei gael gan feirniad llenyddol, ac yr *oedd* hi'n feirniadol, yn craffu ac yn sylwi ar bob dim. Efallai bod hynny yn nodwedd oes heb ynddi ormod o lyfrau na phapurau newydd. Yr oedd yn rhaid iddynt edrych ar bethau drwy eu llygaid eu hunain ac nid trwy lygaid neb arall. Aeth Lisi, merch Bryn Llwyd, y tŷ nesaf, â'i chariad i weld fy nain cyn iddynt briodi. Gwnaeth yr hen wraig iddo sefyll ar ganol y llawr a throi o gwmpas, er mwyn iddi gael gweld sut un ydoedd!

Yr oedd yn gynnil ryfeddol, yr oedd yn rhaid i bawb bron fod yn yr oes honno os oeddent am dalu eu ffordd. Nid cynnil gyda bwyd ac angenrheidiau oedd hi, eithr cynnil gyda chysuron. Ni welais fawr erioed fatting ar yr aelwyd na chlustog ar gadair ganddi. Buasai'n diarhebu at neb yn cymryd sebon i olchi llawr, a chredaf mai gyda graean gwyn y byddai'n dal i sgwrio'r bwrdd mawr. Anaml y byddai'n prynu dillad newydd hefyd. Bodis du a phais stwff lwyd a wisgai (mae ei phais olaf yma gennyf fi, hi a wisgai Lowri Lew pan chwaraeid *Tri Chryfion Byd*). Gwisgai het fach wellt ddu am ei phen bob amser, a chap les du a bwnsiad o ruban du a phiws wrth ei glustiau o dan yr het. Credaf mai bonet a wisgai i fynd i'r capel a chêp. Ond byddai ganddi ddigon o fwyd bob amser, a hwnnw'n fwyd plaen da, menyn digon o ryfeddod, yn dyfod o dŷ llaeth cyn oered ag unrhyw gwpwrdd rhew, llaeth enwyn a godai ddyn sâl o'i wely i'w yfed, digonedd o gaws a chig moch ac wyau. Caws croen coch fyddai ei chaws hi. Yr oedd tatws Pantcelyn yn datws blodiog gwynion, a phleser oedd eu bwyta. Ni welais erioed fwyd o dun yno.

Er mai cas oedd gwastraff ganddi, eto nid oedd yn llaw gaead. Cofiaf iddi roddi sofren felen yn fy llaw pan gychwynnwn i'r coleg. Yr oedd hynny yn bensiwn pedair wythnos iddi hi y pryd hwnnw, ac aml iawn y cefais goron neu hanner coron ganddi wedyn. Pan oedd ei mab,

f'ewythr Harri, yn y coleg yn y Bala, deuai â myfyriwr
arall adref gydag ef i aros dros y gwyliau, rhywun heb dad
neu fam, neu heb gartref, a hynny fwy nag unwaith. Pan
ddaeth myfyriwr hollol amddifad yno un tro, fy nain a
aeth i'r dref i brynu ei grysau iddo. Diamau gennyf ei bod
fel llawer o bobl yr oes honno yn gymdogol yn ei dyddiau
cynnar. Cofiaf un stori a glywais gan fy mam, stori a
lynodd yn fy nghof oherwydd ei thristwch. Yr oedd
cymdoges i'm nain yn wael dan y diciâu ers tro. Wedi i'r
dynion fyned i'r chwarel yn y bore, rhedodd fy nain yno
i edrych sut yr oedd pethau arni, a'i chanfod wedi marw
ar lawr y siambar a phlentyn bach pedair oed yn crïo yn
y gwely. Amlwg fod y wraig wedi teimlo'n sâl ar ôl i'w
gŵr fyned at ei waith, a'i bod wedi codi, a bod gwaed
wedi torri yn ei brest. Byddaf bob amser yn cysylltu rhyw
ffresni oer â thŷ Pantcelyn, ag eithrio'r gwely wenscot yn
y siambar ffrynt. Ni byddai'r drws byth ynghau, ac nid
oedd ynddo simnai fawr ychwaith, ddim yn yr amser a
gofiaf fi beth bynnag. Nid oedd yno gadair esmwyth, dim
ond setl a chadair freichiau. Yr oedd yno un peth nad
oedd yn gyffredin yn amser fy mhlentyndod i, ond a
fuasai'n beth gyffredin flynyddoedd cyn hynny, sef
'uffern' ar yr aelwyd. Darn o haearn a thyllau ynddo oedd
yr uffern, a thwll o dano. Yn lle myned â'r lludw o'r grât
allan bob dydd, tynnid ef o'r twll lludw o dan y grât a'i
roi ar yr uffern, er mwyn i'r lludw fyned i lawr, a gadael
y marwor ar yr wyneb. Diwedd bob wythnos codid caead
yr uffern a chodi'r lludw i bwced i fyned ag ef allan. Er
bod yr uffern yno yn fy adeg i, ni ddefnyddid hi. Bu'r
gegin honno yn gegin brysur ar un adeg, adeg magu'r
plant. Yr oedd yno grud i'w siglo bob amser, a throell i
nyddu, a phlant yn dysgu adnodau a phenillion. Byddai

fy nain yn nyddu efo'r droell fach, wlân a llin, ac yn gyrru'r edafedd i'w wneud i'r gwehydd. Gwnai lenni ffenestri a llenni i'r gwely wenscot efo'r lliain. Cofiaf y droell fach honno yn y siambar ac wedyn yn yr ysgubor, ond gadawyd iddi bydru yno heb neb yn gweld dim gwerth ynddi. Yn yr un gegin y dysgodd fy mam a'i chwaer, Margiad, lyfr Jona drwyddo i gyd a'i ddweud ar un adroddiad. Byddai'r ddwy yn siglo'r crud bob yn ail, cofier mai plant oeddent, a weithiau, er mwyn newid, yn gorwedd ar draws y crud ac yn adrodd yr adnodau. Rhoddid gwobr yn y Capel Bach (sef capel yr Annibynwyr yn Rhostryfan) i'r un a allai adrodd llyfr Jona drwodd gywiraf o flaen yr ysgol Sul. Hyd y cofiaf, mam a'i chwaer oedd yr unig ddwy a'i dysgasai. Gwrandewid arnynt gan y pregethwr a bregethai yno y Sul hwnnw, 'pregethwr dannedd duon' y galwai fy mam ef. Twrn fy mam a oedd gyntaf. Pan oedd hi ar fin dechrau, dyma'r byd yn mynd yn ddu o flaen ei llygaid a bu'n rhaid iddi stopio. Yr oedd y pregethwr yn un caredig, y mae'n rhaid, oblegid dyma fo'n dweud wrthi am stopio ac ail-ddechrau. Yr oedd y tywyllwch wedi diflannu erbyn hynny ac aeth hithau drwyddo o'i ddechrau i'w ddiwedd heb yr un camgymeriad. Ond ni chafodd fy modryb Margiad y clwt o dywyllwch o flaen ei llygaid, ac aeth hithau drwyddo heb yr un camgymeriad. Oherwydd yr anffawd i'm mam, ei chwaer a gafodd y wobr.

Mae gennyf fi ryw gorneli tywyll a chorneli golau yn fy meddwl ynglŷn â chaeau. Ni wn pam y mae rhai caeau fel diwrnod heulog imi a'r lleill fel tywyllwch tywydd terfysg. Dim ond imi weld ambell gae bydd yn codi fy nghalon. Bydd cae arall yn rhoi'r felan imi. Mae gennyf gof mai'r effaith olaf a gâi weirglodd Pantcelyn arnaf. Yr oedd yn bell o'r tŷ, ac yr oedd yn rhaid mynd â'r drol ar hyd ffordd drol go bell cyn dyfod ati. Caf argraff ei bod yn un wleb a'i bod fel petai wedi ei chysgodi rhag yr haul. Beth bynnag oedd yr achos, ni fedrwn ei hoffi. Efallai fod â wnelo rhyw storm o law taranau a ddigwyddodd un cynhaeaf gwair, a hynny ar ganol cario'r weirglodd rywbeth â'r peth. Efallai mai am ei bod yn bell o'r tŷ y cashawn hi. Ni byddwn yn mynd i gynhaeaf gwair Pantcelyn yn aml, ac nid oes gennyf atgof melys o gwbl am yr ychydig droeon y bûm. Cofiaf gael fy mrifo'n fawr unwaith yno, er na ddaeth neb i wybod hynny. Rhaid mai'r adeg y cafodd fy nain ddamwain ydoedd, oblegid yr oedd ganddi eneth o forwyn ar y pryd, geneth, yn ôl gair pawb, glên a hynaws iawn. Gofynnais i Mary pan oedd pawb allan yn y cae gwair, a gawn i un o'r rhosod gwynion a dyfai o gwmpas drws y tŷ i'w roi yn fy mrest. Ni ddywedodd ddim, ond yn lle torri rhosyn imi, aeth allan at wal y cae lle'r oedd pren ysgaw, a thorri blodyn ysgaw imi. Yna chwiliodd am bin a chymerodd drafferth fawr i'w binio yn fy mrest, a dweud y gwnâi hwnnw'r tro llawn cystal. Rhyw syniad y gwna rhywbeth y tro i blentyn oedd y tu ôl i'w hymddygiad, oblegid ni allaf feddwl y buasai gan fy nain wrthwynebiad i roddi rhosyn i neb. Prun bynnag, fe'm brifwyd yn druenus, nid anghofiais y loes byth, ac ni chredaf imi fyned yno i'r cynhaeaf gwair byth wedyn. Gardd gaeëdig iawn a oedd yno hefyd, na allesid ei gweld o'r lôn a dôr yn myned iddi. Ar un adeg byddai rhes o gychod gwenyn yn perthyn i'm hewythr Harri ynddi.

Cyn gadael teulu Pantcelyn mae arnaf chwant adrodd stori am f'ewythr Harri y soniais amdano uchod.

Priododd ef â merch yr Hendre Ddu, ger y Bala. Catherine Ellis oedd ei henw morwynol, a daeth, wrth gwrs, yn Catherine, neu Kate (fel y gelwid hi) Cadwaladr ar ôl priodi. Cof bychan iawn iawn sy' gennyf amdani, oblegid bu hi farw ymhen blwyddyn ar ôl fy nhaid. Ymhen blynyddoedd lawer iawn yr oedd fy ewythr yn yr Hendre Ddu pan oedd ei dad-yng-nghyfraith yn rhoi'r gorau i ffarmio (credaf mai dyna a ddigwyddai): yr oedd yno symud dodrefn, beth bynnag. Yr oedd yno dwll mawn o dan y simnai fawr wedi ei orchuddio â phapur. Tynnwyd y papur, ac yn y twll fe ddowd o hyd i un o'r cyfieithiadau cyntaf o'r Testament Newydd, a'r enw ar ei glawr oedd 'Catherine Cadwaladr'. Bûm yn sôn am hyn wrth Mrs Elena Puw Morgan—yr oedd ei mam hi yn gyfnither i wraig f'ewythr Harri—a'i hesboniad hi ydoedd, fod yr un teulu yn yr Hendre Ddu ers rhai canrifoedd, a bod Cadwaladr yn enw yn y teulu, a bod cymryd yr enw cyntaf yn gyfenw fel yr oedd yn arferiad y pryd hwnnw. Yr oedd yno Elis Cadwaladr ar un adeg.

Mae gennyf stori bur wahanol i'w dweud am deulu fy nhad. Nid oeddent hwy yn hanfod o'r cyffiniau, er na ddaethent o bell. Mwy na hynny, ni chlywais erioed mo'm tad yn sôn am ei hynafiaid, os gwyddai rywbeth amdanynt, er y byddai'n myned i gladdu rhai ohonynt i Lŷn weithiau. Bu'n claddu hen fodryb yno unwaith, 103 oed, a chofrestr ei bedydd ar y bwrdd er mwyn i bawb gredu ei bod yn 103. Symudodd fy hen daid a'm hen nain o du fy nhad o ochr Garn Fadryn, yn Llŷn, i Lanllyfni i gychwyn, ac oddi yno ymhen tipyn, ni wn faint, i ochr Moeltryfan, y cwbl ohonynt. Clywais ddywedyd fod fy nhaid yn bedair oed ac ar ben y llwyth mud pan fudent, ond ni wn pa un ai ar y llwyth mud o Lŷn i Lanllyfni ai ar y llwyth mud o Lanllyfni i Foeltryfan. Egluraf, er mwyn y rhai nad ydynt gyfarwydd â'r ardal, mai Moeltryfan y gelwir y rhan uchaf o'r ardal, sydd yn agos i'r chwarel o'r enw hwnnw, ac yn wynebu Bron y Foel, neu Cesarea, fel y gelwir ef heddiw. Mae Rhosgadfan ei hun ychydig yn is i lawr ac ychydig yn nes i'r Waunfawr. Bu fy hen nain yn byw wedyn (ni allaf ddweud a oedd fy hen daid yn fyw yr adeg hon) yn Hafod y Rhos, Rhosgadfan. Y rheswm dros imi gofio hyn ydyw imi glywed fy nhad yn dweud iddo fynd i dŷ ei nain i Hafod y Rhos, yn llaw ei fam, pan oedd yn blentyn rywle rhwng pedair a chwech oed, a thra oedd ei fam a'i nain yn sgwrsio wrth y tân, iddo ef fynd i'r drôr yn y bwrdd mawr (bwrdd cwpwrdd, fel y gelwir ef gan rai) a bwyta pwys o fenyn cyfa fesul tamaid. Modd bynnag, ym Mryn Ffynnon, tyddyn bychan yn agos i chwarel Cors y Bryniau, yr oedd fy nhaid a'm nain yn byw. Credaf mai yno yr aethant ar ôl priodi ac ni symudasant oddi yno hyd o fewn rhyw flwyddyn a hanner cyn marw fy nhaid.

Un o'r Waunfawr oedd fy nain, mam fy nhad, ond fe'i clywais hi yn dweud unwaith mai o Sir Fôn y daethant i'r Waunfawr. Aeth rhai o deulu fy nhaid a'm nain i fyw i ochrau Llanrug, a chofiaf chwaer i'm taid o Lanrug yn dyfod i'w gladdu, hen wraig dlos iawn, a chanddi wallt gwyn fel gwlân y ddafad, llygaid fel dwy eirinen a bochau cochion glân. Bu hi fyw i fod yn 97 mlwydd oed, a deëllais mor ddiweddar â 1945 ei bod yn nain i'r diweddar Mr J J Williams, Birkenhead, a bod Mr Williams felly yn gyfyrder i mi. Dyna'r tro cyntaf imi wybod. Aeth llawer o'r teulu i America hefyd, byddai cefnder i'm tad yn ymwelydd pur gyson â'r wlad hon, a chofiaf rai eraill o'r teulu yn croesi i Eisteddfod Genedlaethol Caernarfon yn

1906. Ond am fy nain y soniwn; yr oedd ganddi hi deulu tua'r Waunfawr o hyd, un chwaer iddi a gofiaf yn arbennig (caf sôn amdani eto) ac yr oedd ganddi frawd, mi gredaf, yn byw yno, a'i fab ef oedd Mr Evan Evans, teiliwr, a fu farw yn y Waunfawr yn 1916, yr oedd ef felly yn gefnder i'm tad. Mae'n wir ddrwg gennyf na buasai gennyf amser i fynd i chwilio i mewn i hanes y teulu. Ni buasai'n anodd mynd ar eu trywydd unwaith y cawn ben llinyn arni, ac un pen llinyn fyddai gwybod pwy oedd tad Mr Evan Evans.

Gan fy mod i yn dyfod o ail briodas yr oedd fy nwy nain a'm dau daid yn weddol hen pan gofiaf hwynt gyntaf. Mae'n siŵr yr edrychent i mi y pryd hynny yn hŷn nag oeddent mewn gwirionedd. Cofiaf fy nhaid Bryn Ffynnon yn well na'm taid Pantcelyn, oherwydd bu'r cyntaf fyw hyd 1904, a chofiaf ei gladdu fel petai ddoe, gan mai'r Sadwrn cyn imi ddechrau yn yr Ysgol Sir ydoedd. Yr oedd arnaf ei ofn braidd am ei fod yn flaenor, nid oedd raid imi ofni ychwaith, oblegid hen ŵr rhadlon, caredig ydoedd. Gan fod ein tŷ ni yn agos i'r capel, a Bryn Ffynnon ymhell, deuai i'n tŷ ni i gael te ambell brynhawn Sul, a bob amser i frecwast naw ar ddydd Llun Diolchgarwch. Parchus ofn oedd yr ofn a fyddai arnom, gan y byddai bob amser yn gofyn gras bwyd. Ac ystyried y byddem yn y seiat a'r cyfarfod gweddi bob wythnos, ac yntau hefyd, ni chofiaf gymaint amdano ag am rai o'r blaenoriaid eraill. Ei dawelwch a'i natur dda a gyfrifai am hynny, mi gredaf. Byddai rhai o'r blaenoriaid yn ein cynghori, a dweud y drefn weithiau, ond ni chlywais fy nhaid erioed yn gwneud hynny. Siaradai yn fyr ac i bwrpas bob amser. Ond weithiau medrai yntau sodro pobl a'i chyrraedd hi yn bur annisgwyl. Cofiaf unwaith fod rhai ohonom wedi bod yn cadw twrw tua'r festri mewn cyfarfod darllen. Yr oedd y sawl a'n cymerai ar ôl ei amser, aethom ninnau i chwarae ymguddio tu cefn i'r festri, a phan ddaeth yr athro, cymerasom arnom nad oeddem yno, ac yna godi fesul un a rhoi ein hwynebau ar y ffenestr. Nid edrychai'r peth yn ddigon i godi helynt yn y seiat yn ei gylch. Ond fel arall y bu, a dywedodd un blaenor hi'n hallt ofnadwy, yn giaidd o gas. Twrn fy nhaid oedd olaf, ac ni ddywedodd lawer, ond diweddodd fel hyn, 'Gofaled y rhai sy'n dysgu'r plant ddyfod yno mewn pryd.' Wrth gwrs, dyna oedd gwraidd y drwg i gyd. Fe'i dywedodd yn hollol ddistaw ond fe aeth yr ergyd adref.

Bob tro y bûm ym Mryn Ffynnon gyda'r nos, ni welais fy nhaid yn gwneud dim ond darllen yn ei gadair freichiau wrth y tân, ac âi ymlaen i ddarllen fel pe na bai neb yno. Gallaf ei weld yrŵan efo'i farf wen, ei wefus uchaf lân, lydan, a'i lygaid tywyll, pell oddi wrth ei gilydd, ei lyfr ar fraich y gadair, ac yntau yn ei fwynhau gymaint nes gwenu wrtho'i hun. Un tro, pan oedd nain yn rhoi dŵr oer yn y boiler wrth ochr y tân collodd y piseraid am ben traed taid, a gwaeddodd yntau dros y tŷ gan godi ei draed bron at ei ben, 'Dyna chdi wedi i gneud hi, Cadi, wedi fy sgaldian i.' Dyna faint ei ddiddordeb yn ei lyfr a'i angofusrwydd o bethau y tu allan. Ychydig sy' gennyf i'w ddweud am fy nheidiau a'm neiniau oherwydd imi eu hadnabod yn eu henaint pan nad oedd ganddynt hwy ddiddordeb ynom ni na ninnau ynddynt hwythau. Deuthum i'w hadnabod gan mwyaf drwy glywed sôn amdanynt ar yr aelwyd gartref: ac wrth feddwl, rhyfedd cymaint a siaredid gan fy rhieni am eu teulu. O'm cof yr ysgrifennaf y pethau hyn, ag eithrio'r pethau a ddyfynnaf, a'r rheswm fy mod yn eu cofio cystal ydyw y byddai trafod arnynt o hyd ac o hyd ar yr aelwyd, nid unwaith na dwywaith y clywais hanes llosgi taid efo dŵr oer, ond ugeiniau o weithiau. Credaf mai peth da oedd eu bod yn sôn am y teulu fel hyn, ac yn cadw'r hanesion amdanynt yn fyw, mae'n magu ymwybod o barhad llinell a thylwyth ac o'ch cysylltiad â'r gorffennol. Ni chredaf fod plant heddiw yn cael hanes eu teulu ar yr aelwyd. Rhoddir gormod o amser i'r radio a phethau felly.

Adwaenwn fy nain Bryn Ffynnon yn well, oherwydd iddi fyw yn hwy na'm taid. Hen wraig dal yn tueddu i gwmannu oedd hi, yn lân ofnadwy yn ei thŷ, ac yn hoffi gwneud bwyd. Byddai'n bleser mynd yno i gael ei theisen a'i bara brith. Yr oedd yn un ardderchog am wneud cyfleth, ac yr oedd yn un o'r bobl y dywedid amdanynt eu bod yn 'credu' wrth wneud bwyd. Ni chlywais yr ymadrodd yna yn ei gysylltiad â choginio ers blynyddoedd maith. Dywedid os oeddech yn rhoi menyn yn lle lard mewn teisen eich bod yn 'credu', neu os rhoddech wyau yn lle peidio â'u rhoi. Mae'n siŵr gennyf fi fod Mrs Beeton wedi credu llawer. Wel, un o'r credinwyr oedd fy nain. Rhoddai bwys cyfan o fenyn yn ei chyfleth amser y Nadolig, cymerai drafferth i'w dynnu a'i gyrlio a'i roi ar lechen gron wedi ei hiro efo menyn, ac ni phrofais fyth wedyn y fath gyfleth ychwaith. Buasai fy nain Pantcelyn yn gwaredu rhag y fath wastraff. Byddai ei bwrdd cynhaeaf gwair yn un o 'wleddoedd y bywyd', a nefoedd i'w henaid, ni wnaeth erioed wahaniaeth rhwng y plant a'r bobl mewn oed a eisteddai wrth ei bwrdd. Wedi porthi'r olaf, gwnâi wledd arall i ni'r plant wedyn, ac y mae'n rhaid ei bod wedi blino'n sobr. Dynes a ddylsai gael arian mawr oedd fy nain i brynu moethau a phethau da bywyd. Gwyddai beth a oedd yn dda a pheth nad oedd.

Ond ysywaeth, ni bu ganddi erioed ddimai dros ben, er iddi weithio'n galed ar hyd ei hoes, a dioddef digon o boenau'r byd yma. Heddiw, byddaf yn meddwl mwy amdani hi nag am yr un o'm hynafiaid, oblegid i Ffawd fod mor angharedig wrthi, ac iddi hithau fod mor garedig ei hun wrth bawb. O'r mymryn a oedd ganddi fe roddai yn hael, caech groeso a charedigrwydd bob amser yn ei thŷ, ac ni wyddai pa bryd i stopio rhoi. Buaswn wedi hoffi ei hadnabod pan oedd yn ddynes ifanc, er mwyn gwybod a gafodd hi lawenydd, nid ei bod yn drist yn ei henaint, medrai chwerthin yn braf, ond y pryd hwnnw yr oedd tu hwnt i allu mwynhau llawer ar fywyd, pallodd ei golwg cyn iddi fyned cyn hyned â llawer o bobl, ac anfantais fawr oedd hynny. Nid wyf yn meddwl iddi gael llawer o hawddfyd hyd yn oed pan oedd yn ieuanc. Cofiaf amdani yn adrodd ei hanes yn gweini mewn rhyw fferm, hi a'i chwaer, heb fod yn bell o'i chartref. Bob dydd Llun byddent yn codi am bedwar o'r gloch y bore i olchi (mae'n siŵr na byddai'n llawer hwyrach arnynt yn codi y dyddiau eraill), ond ar ddydd Llun dalient i weithio ymlaen yn hwyr. Rhyw nos Lun, pan ddaeth un o'r gweision i mewn i nôl ei swper a chael y morynion wrthi'n dal i weithio, aeth ar ei liniau ar lawr yn y fan a'r lle, a gweddïo, 'Diolch iti o Dduw,' meddai, 'na wnaethost mona' i'n ferch, achos mae diwrnod merch cŷd â thragwyddoldeb.' Priododd yn ugain oed, ac ni chafodd lawer o bethau'r byd hwn wedyn, wrth fagu tŷaid o blant, colli llawer ohonynt, a hynny yn nhrai a llanw cyflog y chwareli. Mae'n debyg nad oedd ei bywyd ddim gwahanol i fywyd gwragedd eraill yn yr oes honno, ond o hynny a welais ar fy nain yn ei hen ddyddiau, tybiaf y buasai ganddi'r gynneddf i allu mwynhau pethau da bywyd, dillad da hardd a bywyd moethus. Tybio hynny yr wyf, efallai mai fel yna yr oedd hi hapusaf. Collodd rai o'r plant yn fabanod, collodd un mab yn un-ar-hugain oed, un arall yn chwech-ar-hugain, a'r bachgen hynaf yn ddeuddeg oed mewn damwain erchyll yn y chwarel.

Mae gennyf yma o'm blaen gerdyn coffa bychan ac iddo ymyl ddu, y cerdyn a alwem ers talwm yn 'mourning card', a dyma beth sydd arno—rhof ef yn yr orgraff yr ysgrifennwyd ef ynddi:

'Er parchus goffadwriaeth
am
ROBERT OWEN ROBERTS
Bryn Ffynon, Rhos Cadfan,

Yr hwn a fu farw
(trwy ddamwain)
Rhagfyr 23ain, 1861

Oed, 12 mlwydd

Profwyd doethineb rhyfedd—Duw Ion mawr
Yn myn'd a'n mab hoyw-wedd;
Am fis bron mewn gogonedd—
Cantor fu, cyn torri'i fedd.

—Dewi Arfon.'

Cofiaf fod y cerdyn hwn wedi ei fframio, a llun y bachgen deuddeng mlwydd oed dan y cerdyn, ac yn crogi ar y pared yn fy hen gartref ar un adeg. Y tebyg yw fod mam wedi mynd ar ôl y ffasiwn yn sydyn, yn ddiweddarach, ac wedi ei dynnu o'r ffrâm. Bachgen ac wyneb crwn, llawn ydoedd. Ef oedd brawd hynaf fy nhad ac yr oedd ddyflwydd yn hŷn nag ef. Pe na baech yn gweld dim ond y cerdyn fel yna, fe'ch gwnâi yn drist. Sylwer mai dau ddiwrnod cyn y Nadolig ydoedd, ac mai dim ond deuddeg oedd oed y bachgen.

Lawer gwaith y clywsom ni am y ddamwain hon gartref, gan fy nain a'm tad. Yr oedd fy nhad, er nad oedd ond deg oed, yn gweithio yn y chwarel ers blwyddyn. Y noson cyn y ddamwain, sef nos Sul, aeth fy nhad a'i frawd allan, i'r beudy neu rywle, mynd i gadw cwmni i'w frawd yr oedd fy nhad gan ei bod mor dywyll, ac yn sydyn fe sgrechiodd rhyw aderyn mawr wrth eu pennau. Yr oedd y sgrech mor annaearol nes codi ofn arnynt, ac wedi mynd i'r tŷ, dywedodd Robert wrth ei fam nad oedd am fynd i'r chwarel drannoeth, oherwydd y sgrechfeydd a glywsai. Yr oedd yn gweithio yn y twll, er ei ieuenged, a daeth cwymp mawr o graig i lawr a'i gladdu dani. Buwyd fis heb gael ei gorff, dyna ystyr 'Am fis bron mewn gogonedd' yn englyn Dewi Arfon. Y rheswm am hynny ydoedd, fel y deallwyd wedyn, fod gwynt y cwymp wedi taflu'r bachgen lathenni lawer o'r man lle safai, a hwythau yn chwilio amdano yn y fan honno, ac yn lluchio mwy o'r graig arno, mae'n siŵr. Ymhen blynyddoedd, wedi llwyr glirio'r cwymp, daeth fy nhaid o hyd i glocsen Robert. Cafodd fy nain freuddwyd rhyfedd cyn y ddamwain, meddai hi. Yr oedd Bryn

Ffynnon yng nghanol mawndir mynydd, a'r llidiart yn arwain i'r ffordd, nad oedd ddim gwell na ffordd drol yn fy amser i, a'r ffordd hon yn mynd i'r ffordd a arweiniai i'r pentref ar un ochr, ac yn cario ymlaen at y tyddynnod eraill a Moel Smatho, y mynydd rhyngom a'r Waunfawr ar yr ochr arall. Ond i fynd i'r chwarel, chwarel y Cilgwyn oedd y chwarel lle bu'r ddamwain, ni byddai neb yn mynd drwy'r llidiart, eithr yn dal ar y chwith oddi wrth ddrws y tŷ a thorri ar draws y caeau ar hyd llwybr a dros gamfa i'r mynydd arall, sef Moel Tryfan. Wel, fe freuddwydiodd fy nain ryw noson ychydig cyn y ddamwain fod cerbyd caeëdig yn dyfod dros y gamfa ac ar hyd y llwybr, yn aros o flaen y tŷ, yna yn torri yn ei hanner, un hanner yn mynd yn ei ôl dros y gamfa, a'r hanner arall yn mynd yn ei flaen drwy'r llidiart ac i'r ffordd. Felly yn union y dowd â chorff Robert adref o'r chwarel. Yr oedd ei arch yno ers mis bron, a chariwyd ef ar elor o'r chwarel a thros y gamfa y dygwyd ef. Yna, ddydd ei angladd dygwyd ef mewn hers drwy'r llidiart i'w gladdu ym mynwent Betws Garmon. Byddai'n amhosibl i ddamwain fel yna ddigwydd heddiw i fachgen deuddeg oed, gan na byddai yn gweithio yn y chwarel, heb sôn am fod yn gweithio i lawr yn y twll. A'r fath ddyddiau tywyll a fu'r rhai hynny i'm taid a'm nain, ac i nhad, gan ei fod yn ddigon hen i sylweddoli, ac yn gydymaith i'w frawd mewn gwaith a chartref.

Ym Mryn Ffynnon y treuliodd fy nhaid a'm nain eu hoes bron i'r diwedd. Ffeiriasant dŷ efo'u merch, a'i mab hi sy'n byw yno rŵan. Bu fy nhaid farw yn fuan wedyn. Aeth golwg fy nain yn rhy ddrwg iddi fyw ar ei phen ei hun, a bu'n rhaid iddi fynd i fyw at rai o'i merched. Bu farw yn y Bontnewydd yn 1917.

Gwisgo allan a wnaeth fy nain, ac yr oedd diwedd ei hoes yn bur undonog, a dweud y lleiaf. Yr oedd ei chlyw yn drwm, ei golwg yn rhy ddrwg i ddarllen na gwnïo, ac ni fedrai wneud fawr ddim heblaw eistedd yn y gadair a synfyfyrio. Nid oedd yn ei hardal gynefin ychwaith, fel na châi weld ei hen gyfeillion yn aml. Deuai i fyny atom ni am wyliau bob haf, caf sôn am un o'r ymweliadau hynny eto yn nes ymlaen. Yr oeddem ni yn saith o deulu a'r tŷ yn fychan, ond gwnaem le i nain am bythefnos yn yr haf. Felly, diflannu a wnaeth nain druan oddi ar wyneb y ddaear, heb salwch, dim ond gwisgo allan yn denau, ac erbyn y diwedd ei chof wedi mynd hefyd. Bu farw fy ewythr Robert, tad Robert Alun Roberts, Bangor, a nhad â aeth â'r newydd i'w fam. Ond erbyn hynny ni wyddai pwy ydoedd ei mab, a dyna a ddywedodd wrth fy nhad, nad oedd hi yn ei nabod. Ffaith greulon a roes ddiwedd stori fer i mi, er nad yw gweddill y stori yn wir o gwbl am fy nain. Bu hi ei hun farw ymhen deufis wedyn, wedi byw oes faith, a dioddef blin gystuddiau, heb adael yr un ddimai ar ei hôl, na dimai o ddyled i neb ychwaith, wedi byw bywyd gonest, gweithgar, difalais, cymdogol a charedig. 'Yr hen greadures annwyl' oedd y disgrifiad amlaf a geid gan fy mam am fy nain, ac ni allaf feddwl am well disgrifiad gan ferch-yng-nghyfraith am ei mam-yng-nghyfraith. 'Yr hen greadures annwyl' a ddywedaf finnau.

8

FY NHAD

Dof yn awr at y rhan anhawsaf o'r llyfr, sef disgrifio fy rhieni. Hyd yma ni fu'n anodd bod yn wrthrychol wrth sôn am fy nheulu, ond pan ddoir y tu mewn i furiau'r cartref, caf gryn anhawster mi wn, oblegid mae'n anodd sefyll y tu allan i berthynas mor agos.

Yr oedd fy nhad yn ddeugain oed pan aned fi, ac ni chofiaf mohono erioed â chnwd o wallt ar ei ben yn ei liw cynhenid. Mae gennyf ddarlun lliw ohono a dynnwyd rywdro tuag amser fy ngeni, darlun a ymddengys yn naturiol iawn: llygaid gwinau byw, gwallt cringoch a mwstás coch. Nid oedd yn dal, ond yr oedd yn ddyn del iawn. Ei wyneb yn siriol a chynhesol. Anaml yr edrychai'n brudd, ond pan wnâi, byddai'n brudd iawn.

Ni chafodd ysgol ar ôl pasio ei naw mlwydd oed. Cedwid ysgol yn Rhostryfan y pryd hynny, tua 1860, gan ryw ddyn a fedrai ychydig Saesneg, mae'n debyg, ond aeth yn sgarmes rhyngddo ef a'm tad, a hitiodd fy nhad ef yn ei ben efo riwler, gan brin fethu ei lygad. Dywedodd fy nhaid wrth nain y noson honno am iddi chwilio am drywsus melfaréd iddo, er mwyn iddo fynd i'r chwarel drannoeth. Ni wn ar y ddaear sut y bu i nain gael trywsus yn barod iddo yr adeg honno ar y dydd— torri hen un i'm taid, neu un ar ôl ei frawd hynaf reit siŵr. Ond bore trannoeth ar doriad y dydd, yr oedd fy nhad yn cychwyn gyda'i frawd dyflwydd yn hŷn, a'i dad am chwarel y Cilgwyn. Bu'n gwneud y daith honno am yn agos iawn i hanner canrif.

Priododd fy nhad y tro cyntaf yn ifanc iawn yn ôl arfer y dyddiau hynny, yn ei het silc. Credaf y byddai yn ei gwisgo yn ddiweddarach i fynd i gladdu rhai o berchenogion y Cilgwyn. Ond 'pin a wela sioe' oedd hi, yn y cwpwrdd gwydr, hyd oni ddaeth drama i'r ardal. Gellwch benderfynu beth a ddigwyddodd wedyn, rhoi benthyg yr het i gwmni drama, diofalwch a pheidio â'i dychwelyd.

Yn ôl tystiolaeth pawb a'i hadwaenai yr oedd fy nhad yn weithiwr caled. 'Dyn didrugaredd wrtho'i hun', dyna'r disgrifiad ohono. Yr oedd yn ddyn gwydn, cryf ei galon, ac yr oedd hynny yn help iddo ddal ati heb ddiffygio. Nid tipyn o beth oedd dechrau ar ddiwrnod caled o waith wedi cerdded am dri chwarter awr drwy bob tywydd ar hyd ffordd amlwg. Yr oedd yn ddyn trefnus a chychwynnai i'r chwarel bob dydd o'r adeg a gofiaf fi, mewn digon o bryd fel y câi hanner awr o orffwys yn y caban cyn dechrau ar ei waith. Gofalai am fynd i'w wely tua naw, gydag eithriad, bob nos. Ymweliad cyfeillion a'i cadwai ar ei draed yn hwy na hynny. Unwaith y cofiaf iddo fod yn amhrydlon yn y capel, a hynny wedi dechrau'r drefn o gau'r drysau yn ystod y darllen a'r gweddïo, pan gafodd ei gau yn y lobi. Bu'r peth yn ei boeni am amser hir, ac nid oedd fiw ei bryfocio yn ei gylch.

Fel y gwyddys, mewn partneriaeth y bydd chwarelwyr yn gweithio, tri, efallai, yn gweithio yn y graig yn y twll, yn tyllu, a thri yn y sied yn llifio, naddu a hollti. Rhennid y cyflog ar ddiwedd y mis y pryd hwnnw. Gosodid pris ar y lechen i'r chwarelwyr ar ddechrau'r mis, ac nid oedd dechrau'r mis gosod yn digwydd ar yr un pryd â dechrau'r mis cyflog, gan fod y cyflogwyr yn dal pythefnos mewn gafael. Byddai pris y llechen i'r gweithiwr yn codi ac yn gostwng yn ôl sefyllfa'r fasnach lechi ar y pryd. Fel y gellir meddwl, anodd fyddai cael gweithwyr gwastad mewn criw o hanner dwsin. Mae dynion diafael i'w cael ymhobman bob amser, a hefyd ddynion gwan o gyfansoddiad. Mewn amgylchiadau felly, digwydd pen trymaf y gwaith i'r rhai sy'n fodlon ac abl i'w wneud. Nid hap a damwain a benderfynai asiad y criw bob amser, ond byddai'r stiward yn aml yn dewis dyn gweithgar i'w roi ym mhen rhai salach. Digwyddodd hyn lawer gwaith i'm tad o fwriad. Clywais rai yn sôn am hyn yn y blynyddoedd diwethaf wrth sôn am fy nhad. Gweithiai ef heb feddwl amdano'i hun, ac ni chlywid ef yn cwyno llawer ar y rhai gwannaf ychwaith. Mynd ymlaen â'i waith a wnâi ef.

Un tro, cyn fy ngeni i, aeth i wneud rhywbeth uwchben y twll yn yr awr ginio, llithrodd y trosol o'i law a syrthiodd yntau i lawr i'r twll. Ond bu'n ddigon hunanfeddiannol i geisio gafael mewn darn o graig, ac fe lwyddodd. Cryn orchest oedd gallu dal ei afael felly â'i ddwylo, hyd oni ddeuai rhywun i'w waredu. Ond fe wnaeth, er y tystiai ei fysedd beth a gostiodd yr ymdrech iddo. Modd bynnag, nid ei fysedd a ddioddefodd eithr ei gefn. Diamau iddo ei daro wrth ddisgyn. Y pryd hwnnw eid â chwarelwyr a gâi ddamwain adref mewn bocs tebyg i arch ond heb gaead arno. Dyma gychwyn fy nhad adref, nifer o ddynion a'r bocs. Gwrthododd yntau'n bendant fynd i'r bocs, ond daliodd y dynion i gerdded gydag ef a chario'r bocs. Yr oeddynt yn ddigon call i wybod y gallai fod wedi brifo'i ben hefyd. Ymlaen y cerddai fy nhad, ac ni roes i mewn hyd onid oedd o fewn ychydig ffordd i'w gartref, ac yntau wedi diffygio'n llwyr erbyn hynny. Bu gartref am un mis ar ddeg wedi'r ddamwain hon, a bu ei heffaith ar ei gefn am byth.

Yr oedd yn ddyn twt gyda phob dim. Byddai'n rhaid cael y beudy, y tŷ gwair a phobman yn dwt. Byddai mewn tymer ddrwg os âi'r ieir i'r tŷ gwair ar ôl dechrau torri'r gwair ddechrau'r gaeaf. Gan mai grug fyddai sylfaen y das, a hwnnw wedi crino ac yn cael ei gario i'r tŷ yn y gaeaf i ddechrau tân, byddai llwch yn y fan lle buasai'r grug. Yn naturiol ddigon, gan fod ochrau'r tŷ gwair yn agored, deuai'r ieir yno i grafu a chodi'r llwch. Gwylltiai nhad, gwerthai mam yr ieir, a byddem heb wyau am sbel. Ond yr oedd fy nhad yn bur hoff o gig moch ac ŵy, a phrynid ieir wedyn.

Cofiaf am fy nhad yn trwsio to'r beudy: yr oedd yn ddigon hawdd neidio oddi ar lawr ar do'r beudy yn y cefn o ochr y gadlas. Pan oedd newydd osod llechi newydd ar y to, daeth Dei, fy mrawd ieuengaf, heibio o rywle—yr oedd yn wyliau ysgol: neidiodd ar y to a rhedeg ar hyd-ddo yn ei esgidiau, a nhad ei hun wedi tynnu ei esgidiau rhag gwneud drwg i'r llechi. Gwylltiodd fy nhad yn gudyll, ac aeth Dei i'r tŷ at mam wedi torri ei grib yn arw, oblegid yr oedd ef a nhad yn ffrindiau mawr. Toc, aeth fy mrawd i dorri'r gwrych yn y cae gyferbyn â'r beudy, a daliai nhad i weithio ar y to, y ddau'n gweithio'n wyllt, ond heb air o Gymraeg yn croesi'r llwybr a oedd rhwng y ddau. Bob hyn a hyn byddwn i'n mynd ar hyd y llwybr i nôl dŵr o'r pistyll neu rywbeth felly, a phob tro yr awn i'r tŷ byddai mam yn gofyn a oeddynt wedi dechrau siarad â'i gilydd. 'Dim eto,' fyddai fy ateb innau bob tro, hyd at amser te. Daeth heddwch y pryd hynny.

Pan wnâi fy nhad ryw swydd o gwmpas y tŷ neu'r caeau, fe'i gwnâi ar gyfer y ganrif nesaf, gan mor solet y byddai. Yr oedd yn rhaid rhoi sylfaen hyd yn oed i fwgan brain. Cofiaf ei fod wrthi un dechreunos, ar y Sadwrn, yn gwneud bwgan brain yn y cae tatws, a minnau yn y tŷ ar fy mhen fy hun yn ceisio gwneud fy Lladin ar gyfer y Llun. Daeth yntau i'r tŷ a gofyn a wyddwn lle i gael rhywbeth i wisgo'r bwgan brain. Neidiais yn awyddus i helpu gan mor falch oeddwn o adael Cicero a'i fygythion. Cefais hyd i hen het a chôt iddo ef ei hun, a darn o hen gyrten les. Wedi mynd i'r cae yr oedd yn werth gweld ffrâm y bwgan brain, ni fuasai corwynt yn ei daflu, gan mor ddwfn oedd y sylfaen yn y ddaear. Gwisgwyd ef yn barchus, a rhoddais yr het am ei ben ar fymryn o osgo, ar ongl yn union fel y gwisgai nhad ei het. Yr oedd y cae hwn yn wynebu'r capel, a bore trannoeth, wrth fynd i'r gwasanaeth, meddai mab un o'r cymdogion, 'Ylwch Owen Roberts, Cae'r Gors, yn trin ei gae ar ddydd Sul'!

Yr oedd gan fy nhad ddigon o synnwyr digrifwch i allu chwerthin am ei ben ei hun. Oherwydd hynny, yr wyf am ddweud stori amdano na buaswn yn ei dweud efallai oni bai mai ef ei hun a'i dywedodd yn ei erbyn ei hun. Byddai'n chwerthin nes byddai'r dagrau yn powlio o'i lygaid wrth ddweud y stori hon. Mwy na hynny, yr oedd ei synnwyr digrifwch mor gynnil fel y gwyddai'n iawn beth oedd gwir golyn stori. Digwyddodd hyn pan oedd yn briod y tro cyntaf. Bu ei wraig gyntaf yn wael ei hiechyd am amser hir cyn marw. Oherwydd hynny, byddai fy nhad yn mynd, ar ben mis, i lawr i Gaernarfon i dalu am lo, blawd, etc, gan nad oedd fawr o siopau yn yr ardal y pryd hynny. Byddai'n rhaid cerdded y pedair milltir yno ac yn ôl. Y nos Sadwrn tan sylw, yr oedd wedi gorffen talu'r biliau, ac wedi prynu popeth yr oedd arno ei eisiau, ac yn cychwyn adref o'r Maes. Pan oedd gyferbyn â'r Britannia, pwy a welodd ond ei gyfaill Wmffra Siôn. 'Hei, Owan, lle'r wyt ti'n mynd?' 'Adra,' meddai nhad. 'Tyd am un bach efo mi i mewn i fanma. ac mi ddo i efo chdi wedyn.' (Dylwn egluro na byddai fy nhad yn hel diod, ond os âi i gwmni, ni wrthwynebai gymryd glasiad o gwrw gyda chyfaill. Credaf fod llawer iawn o chwarelwyr yr un fath yn y cyfnod y soniaf amdano.) Wedi mynd i mewn i'r Britannia, yr oedd llawer o'i hen gyfeillion yn y fan honno. 'Hylo'r hen Owan, sut wyt ti ers talwm?' meddai lot o leisiau ar draws ei gilydd. Cyn y gwyddai ei fod yno, yr oedd wedi ei dretio i wyth glasiad. Canlyniad naturiol hyn, gan nad oedd yn arfer yfed, oedd iddo fynd yn sâl, yn rhy sâl i gerdded adref. Tra fu'r perchennog yn ceisio cael ganddo ddyfod ato'i hun, aeth y lleill adref. Tŷ caeëdig oedd y Britannia ar y pryd, felly ni allai aros yno. Modd bynnag, aeth y perchennog i chwilio am lety iddo ac fe gafodd un yn rhywle yn y stryd sy'n troi ar y chwith o Stryd y Llyn. Yr oedd y wraig honno yn onest iawn, a mynnodd i berchennog y dafarn dynnu allan hynny o arian a oedd gan fy nhad yn ei boced a'u cyfrif cyn eu rhoi ar y bwrdd glas.

Erbyn bore trannoeth, yr oedd fy nhad yn iawn, a chychwynnodd adref fel y boi. Ar ben Allt Twll Gro, dyma ddyn ato a dweud, 'Welis di dy dad?' (Yr oedd y dyn yma yn byw ar yr allt, yn gweithio yn chwarel y Cilgwyn, yn cysgu yn y barics ar hyd yr wythnos ac yn mynd adref dros y Sul.) 'Naddo, ymhle mae o?' meddai nhad. 'Mae o newydd fynd i lawr fforna.' Aethai fy nhaid i lawr drwy'r ffordd gul sy'n arwain at y cei llechi, a'm tad wedi dyfod a'r hyd y briffordd, ac oherwydd hynny wedi mynd yn wrthgefn i'w gilydd. Modd bynnag, ni thrafferthodd fy nhad fynd i gyfarfod â thrwbl wrth fynd i chwilio am fy nhaid, eithr canlynodd ymlaen ar ei daith. Wedi cyrraedd y Bontnewydd, troes ar y chwith, wrth y lle y mae'r pentref i blant amddifad yn awr. Â'r ffordd hon ymlaen drwy'r Bicall. Troes ar y dde wedyn drwy gae sy'n codi'n allt sydyn. Wedi iddo droi i'r cae, gwelodd nifer o ddynion ar ben y cae allt, ac fe ddeallodd ar unwaith wrth eu gweld yn chwalu yn ddwy garfan i wahanol gyfeiriadau, ar ôl ymgynghori, mai chwilio amdano ef yn fyw neu yn farw yr oeddynt. 'Hoi!' meddai yntau, nerth ei ben. Ni bu erioed y fath falchter nag ymhlith y dynion hynny o'i weld yn ddiogel.

Y prynhawn hwnnw daeth degau o bobl i edrych am ei wraig glaf, mwy o lawer nag arfer, ond gwyddai fy nhad nad i'w gweld hi y deuai llawer ohonynt. Yn eu plith yr oedd cefnder iddo a oedd yn flaenor, dyn diwylliedig, rhy hoff o'i lyfr i fynd allan i edrych am neb sâl. Ond fe ddaeth yntau. Dyna un colyn i'r stori y sylwodd fy nhad arno. Yn ystod y dylifiad hwn o bobl, eisteddai fy nhad yn y gadair freichiau wrth y tân, ei wyneb yn syllu i'r tân, a'i law tan ei ben, heb edrych ar neb. Ac O! fel y gallaf weld mynegiant y llepen a oedd at y bobl. Nid mynegiant o gywilydd, ond o ystyfnigrwydd a gwrthwynebiad iddynt i gyd. Yn y diwedd daeth fy nhaid, yntau yn flaenor, yno, wedi cyrraedd yn ôl o'r dref, a'r cwbl a ddywedodd oedd, 'Mi 'rwyt ti *wedi* gwneud smonath ohoni hi yn do?' Dyna ail golyn y stori. Ni ddeallai'r un o'r bobl hyn mai damwain a ddigwyddasai i ddyn yng nghanol helbulon bywyd. Ond gallaf ddychmygu bod llygaid y rhai na ddaethant i'w weld y prynhawn hwnnw yn pefrio yn y chwarel bore drannoeth wrth ofyn yn llawn cydymdeimlad, 'Wel, sut y doth hi arnat ti, 'rhen fachgen?'

Byddai fy nhad yn darllen cryn dipyn, ond yn fwy araf na mam. Nid apeliai barddoniaeth ato fel y gwnâi ati hi. Hoffai ddarllen ysgrifau a wnelai â bywyd y gweithiwr. Yr oedd, yn ei ddyddiau chwarel, yn fyw iawn i broblemau'r diwydiant, yn gwybod yn ddigon da ymhle'r oedd y drwg. Darllenai bob ysgrif yn y papurau Cymraeg a ddôi i'r tŷ, rhyw dri phapur bob wythnos. Cymerai arno nad oedd y nofel a redai yn y papur yn ddim ond sbwriel. Ond fe'i daliwyd ryw ddiwrnod. Fy mam ac un o'm brodyr yn dadlau ynghylch rhyw Geraint yn y nofel a'm tad yn torri'r ddadl iddynt! Un o'r pethau mwyaf digalon yn ei fisoedd o!af ydoedd ei fod wedi mynd yn rhy ddihwyl i ddarllen hyd yn oed y papur, er ei fod yn codi ar y soffa i'r gegin bob dydd. 'Darllen di o imi', a ddywedai wrth mam, a byddai hithau'n gwneud gydag arddeliad.

Ni chymerai byth ran yn gyhoeddus mewn na chapel na chwarel. Mynychai'r capel a'r ysgol Sul yn gyson, ond ni chlywais mohono erioed yn siarad yn gyhoeddus. Byddai'n helpu ar nos Sul gyda chyfrif arian y casgliad mis. Nid oedd y swildod yma yn perthyn i'w frodyr, ond yr oedd i rai o'i blant, a chafodd y lleill gryn drafferth i'w orchfygu. Mwynhâi ddadlau er hynny, a gwrando ar bregeth a darlith. Yn wir, câi fwy o fwynhad o'r pethau hyn nag a ddangosai i neb. Cofiaf yn dda yn ei salwch olaf ei fod yn eistedd yn y gegin un nos Sul braf yn yr haf adeg capel. Yr oedd wedi gwisgo ei ddillad gorau, ond nid oedd am fentro i'r capel rhag ofn na allai gerdded yr allt a âi i fyny tuag ato. Wrth eistedd yn y gegin, ac edrych allan drwy'r lobi a'r portico gallai weld y bobl yn mynd i'r capel i fyny'r allt honno. Soniais yn y dechrau fod golwg brudd iawn arno pan fyddai'n brudd. Felly'r noson hon. Yr oedd hiraeth annisgrifiadwy yn ei lygad. Cysur, er hynny, yw cofio iddo gael mynd i'r capel unwaith neu ddwy ar ôl hynny.

Nid oedd ein teulu ni fawr o ganwrs. Yr oedd gan fy mam lais digon da, a byddai'n canu inni pan oeddem blant. Yr oedd gan fy mrawd ieuengaf lais bach tlws hefyd. Gallaf ei glywed rŵan yn canu, pan oedd yn perthyn i gôr plant y capel, 'Siglo, siglo, cwch bach fy Iolo', a'r tro olaf y bu gartref, 'Pack all your troubles'. Ond am y gweddill ohonom, gorau po leiaf a ddywedir am ein lleisiau. Ond ambell noson, byddai llais yn mynd trwy'r tŷ gefn trymedd nos—fy nhad yn canu 'Gwaed y Groes' ar dôn 'Bryn Calfaria'. Fe ganai'r emyn reit drwodd o'r dechrau i'r diwedd mewn tiwn berffaith. Ni chredai ni yn y bore pan ddywedem wrtho, ond byddai'n chwerthin yn iawn. Pan ddôi rhywun acw i aros, byddai arnom ofn yn ein calonnau rhag i nhad daro 'Gwaed y Groes'. Credaf mai wedi blino y byddai pan ganai hi, oblegid fe ollyngai ryw ochenaid drist ar ei diwedd.

Ni churodd fy nhad mohonom erioed, ond byddai arnom ofn gwneud dim rhag ofn iddo ein curo. Yr oedd ganddo besychiad arwyddocaol iawn a'n rhagrybuddiai rhag inni fynd yn rhy bell. Byddai'r pesychiad yma yn digwydd weithiau wrth y bwrdd bwyd, a thawelem i gyd. Clywais fy hanner chwaer yn dweud iddi hi a ffrind iddi, pan oedd yn blentyn, fynd i'r capel hanner awr yn rhy gynnar ar noson seiat, er mwyn cael dynwared rhai o aelodau'r capel yn cerdded i'w seti. Pan oeddynt ar hanner, dechreuodd rhai o'r bobl a ddynwaredid ddyfod i mewn, a chuddiasant hwy eu hunain yn y sêt nesaf i'r mur pellaf, sêt lydan, ryfedd iawn ei ffurf am fod y seti eraill ar letraws. Yno y buont yn gorwedd ar lawr drwy'r gwasanaeth. Rhywdro, adeg i'r plant ddweud eu hadnodau, clywodd besychiad arwyddocaol ei thad, arwydd a adwaenai'n rhy dda. Dro arall, dywedodd hi ei hadnod fel hyn, 'Cofia yn awr dy Greawdwr yn nyddiau dy ieuenctid, cyn dyfod y dyddiau blin a'r llesg flynyddau maith.' Clywodd y pesychiad wedyn, ond ni wn sut y bu hi arni wedi iddi fynd adref yr un o'r ddau dro. Ni buasem am unrhyw bris yn y byd yn mynd yn hy arno, yn enwedig y rhai hynaf ohonom. Fy mrawd ieuengaf oedd yr unig un a fentrodd. Dyfeisiodd ef ei enw ei hun arno, 'Brynni', gan mai Owen Bryn y galwai ei gyfeillion ef, ar ôl ei hen gartref, Bryn Ffynnon. Mae gennyf yn fy meddiant lythyrau oddi wrth fy mrawd ieuengaf a ysgrifennodd o'r ysbyty ym Malta i nhad pan weithiai ef yn Lerpwl, ac 'Annwyl Brynni' yw'r cyfarchiad bob tro.

Byddai fy nhad wrth ei fodd mewn cwmni. Gallaf ei weld yrŵan yn chwerthin yn braf pan ddeuai cymdogion i mewn gyda'r nos a swalpio straeon. Yr oedd yntau cystal â'r un am eu hadrodd. Glynai fel gelen wrth ei gyfeillion, a chredaf ei fod yn teimlo'n sicrach ohono'i hun yng nghwmni cyfeillion. Nid dyn i fod ar ei ben ei hun ydoedd. Hoffai gael rhywun i ddibynnu arno. Cofiaf yn dda ddiwrnod yr arwerthiant pan ymadawem â Chae'r Gors. Nid oedd gan yr un ohonom y syniad lleiaf beth oedd ocsiwn, a syniai fy nhad fod yn rhaid gwerthu pob dim. Dyna lle'r oedd ben bore wedi hel pob rhyw hen gêr diwerth a'u gosod yn bentyrrau bychain hyd y cae. Y fo o bawb, yr haelaf a'r lleiaf crintachlyd o blant dynion. Ond meddyliai ef mai peth fel yna oedd ocsiwn. Gwnâi hyn oll yn berffaith ddiysbryd a digalon—bore Sadwrn ydoedd ac nid oedd yr un o'm brodyr ar gael. Toc i chwi, pwy a ddaeth ar draws y caeau dan chwibanu ond John Jones, Tŷ Weirglodd, cymydog inni. Nid oedd ef yn gweithio y bore hwnnw. Fflonsiodd fy nhad drwyddo wrth ei weld, yr oedd wedi cael cefn ac amddiffyn a chyngor. Lluchiodd John y gêr diwerth, er mawr foddhad i bawb, ac aeth yr ocsiwn yn ei blaen yn rhwydd. Cofiaf mor brudd yr oedd fy nhad wrth ymadael â Chae'r Gors, er mor falch oedd o adael y gwaith, a'r rheswm am hynny oedd, meddai ef, ei fod yn gwybod mai dyma'r symud olaf a fyddai yn ei hanes am byth. Dangosodd fy mam iddo y gallesid dweud hynny yn hawdd am y tŷ cyntaf yr aethai i fyw ynddo erioed. Cafodd brofedigaeth f'awr yn ei flwyddyn olaf, collodd ei fab, fy hanner brawd, mewn ffordd drychinebus iawn. Ni bu fawr llewyrch ar fy nhad wedyn, ni ddaeth y wên yn ôl i'w wyneb, a dilynodd fy mrawd ymhen naw mis, ym mis Awst, 1931, ac yntau yn 80 mlwydd oed.

Bywyd o waith caled a gafodd, a llawer o ddiddanwch a helbulon yn gymysg. Bu'n hael ei wasanaeth i'w gymdogion pan oedd yn ei breim. Âi i aros ar ei draed y nos gyda chleifion. Gweinai arnynt gyda medr, megis wrth dorri eu barf neu rywbeth felly, a byddai ei help mewn cae gwair yn werth ei chael. Bu'n gweithio dan yr un cwmni am 66 o flynyddoedd, 47 ohonynt yn yr un chwarel, ac ni roes neb o'r cwmni hwnnw ddimai goch iddo wrth ymadael. Ni byddent yn gwneud hynny â neb yn y dyddiau hynny. Aeth ef a'i bartneriaid o chwarel y Cilgwyn am fod y fargen wedi darfod. Ystyr hynny ydoedd nad oedd rhagor o gerrig yn y rhan honno o'r twll, dim ond tywod. Gosodasai'r perchennog ar y pryd ei fab yn ben goruchwyliwr ar y chwarel, ac ni ddaeth i ben hwnnw roi bargen newydd iddynt. Pan ymadawsant am chwarel Cors y Bryniau, yr oedd yn chwith gan holl weithwyr y Cilgwyn, oblegid nid oedd neb a weithiai yno ar y pryd yn cofio'r chwarel heb fy nhad ynddi.

Yr wyf yn berffaith sicr na wenieithodd na chynffonna i stiward erioed. Gall plentyn synhwyro hynny yn y sgwrs ar yr aelwyd. Clywais ef yn lladd digon ar y bobl a wnâi hynny, a lladd ar stiwardiaid pan haeddent, er nad un i ladd yn hawdd ar bobl ydoedd ef. Dal dan bobl y byddai yn hytrach.

Gwn na thraethais mo'r hanner amdano, na mynegi ei werth i gymdeithas. Bob tro y clywaf, 'Chwyddodd gyfoeth gŵr yr aur a'r Faenol', am fy nhad y meddyliaf, ac efallai fod hynny yn naturiol. Chwarelwr ydoedd, a chwarelwr dan gamp.

9

FY MAM

Nid yw cyn hawsed dweud hanes fy mam, yr oedd yn gymeriad cymhleth ac anghyson. Pan gofiaf hi gyntaf yr oedd yn tynnu am ei deugain, yn gwisgo cêp a bonet yn ôl ffasiwn y dyddiau hynny, ac yn ymddangos yn hen iawn i mi. Byddai y pryd hwnnw yn dioddef llawer iawn gan boen yn ei stumog, ac felly y cofiaf hi gyntaf yn wael yn aml, er na byddai byth yn aros yn ei gwely. Gallaf weled yn iawn erbyn hyn mai gweithio yn rhy galed y byddai heb gael digon o orffwys i'w nerfau ac felly yn methu treulio ei bwyd. Fel fy nhad, gweithiodd hithau'n galed iawn ar hyd ei hoes, ond yn wahanol iddo ef, ni roddai hi'r gorau i waith a mynd i orffwys. Yr oedd fy nhad yn gallach na hi yn hyn o beth.

Fel ymhob teulu mawr y pryd hwnnw, yr oedd yn rhaid i'r merched hyd yn oed droi allan i weithio yn ifanc. Deg oed oedd fy mam pan aeth i weini gyntaf. Buasai am ryw gymaint yn yr ysgol, yn Rhostryfan, yr un ysgol ag y buasai fy nhad ynddi, ond o dan ysgolfeistr arall. Modd bynnag, gwnaeth fy nain beth call, ar ôl i mam fod yn gweini am ryw bum mlynedd, anfonodd hi am chwarter o ysgol i Gaernarfon, ysgol a gedwid gan hen ferch yn nhop Stryd y Llyn, lle a elwir heddiw yn Uxbridge Square. Credaf fod amryw o ferched Rhostryfan wedi bod ynddi. Cafodd ddysgu darllen, ysgrifennu a gwneud rhifyddeg yno. Wrth gwrs, rhy fyr o lawer oedd y cyfnod. Nid oedd reswm fod plentyn deg oed yn cychwyn i weini. I rywle ar ochr Moeltryfan yr aeth fy mam gyntaf, a byddai'n gweld ei thad ambell noson wrth iddo fyned adref o chwarel Moeltryfan, a byddai'n gweiddi crïo gan hiraeth wrth droi cefn arno. Fe aeth yn nes i Bantcelyn, ei chartref, wedi hynny. Hawdd dweud, 'Pam na ddechreuasai weini yn ymyl ei chartref?' Ond cofier, yn wahanol iawn i heddiw, lleoedd a oedd yn brin y pryd hynny, ac nid morynion.

O'r dydd yr aeth i weini gyntaf hyd ei marw, bu fy mam yn ddewr. Dangosodd hyn pan oedd yn ifanc, yn ôl yr hanesion a ddywedai amdani hi ei hun. Ar ôl bod yn gweini ar ochr Moeltryfan daeth i Fryn Llwyd, y tyddyn nesaf i'w chartref. Er nad oedd ond plentyn, gwnâi bob gwaith yno, hyd yn oed wyngalchu cyrn y tŷ. Rhaid nad y tŷ presennol oedd Bryn Llwyd y pryd hynny, mai tŷ bychan, isel ydoedd, oblegid gallai fy mam fynd ar ei do efo phwced galch. Un o'r troeon hyn, pan oedd ar ben y to, dechreuodd ddawnsio efo'r bwced yn un llaw a'r brws gwyngalchu yn y llaw arall. Yr oedd yno gynulleidfa o blant ar lawr, plant Bryn Llwyd a phlant Pantcelyn, ei brodyr a'i chwiorydd iau na hi. Gellwch ddychmygu gorfoledd y plant wrth weld y fath gampau. Wrth glywed y sŵn daeth fy nain allan, a chymerodd ei phlant ei hun adref a dweud, 'Dowch i'r tŷ, ne mi laddith hi 'i hun wrth ddangos i gorchast.'

Nodwedd arall a berthynai i'm mam oedd tosturio wrth y dyn ar lawr, neu rywun anffodus. Bu'n gweini mewn lle arall yn Rhostryfan, ac ni ellid dweud bod ei meistres yn un hael o gwbl. Yn ymyl y lle hwn, yr oedd rhes o fythynnod bychain a ddiflanasai ymhell cyn fy amser i. Yn un o'r tai hyn yr oedd hen wraig o'r enw Nanw Rhisiart yn byw, gwraig weddw a gâi ddeunaw yr wythnos o'r plwy. Byddai meistres fy mam yn gadael i datws a phethau felly a fyddai ar ôl pryd, suro yn y tŷ llaeth yn hytrach na'u rhoi i neb. Wrth weld hynny, dechreuodd fy mam fynd â hwy i Nanw Rhisiart cyn iddynt suro. Mwy na hynny, efo'r geiniog a gâi gan ei mam yn bres poced bob nos Wener, âi i siop fara mân a oedd yn y pentref i brynu wigsen. Âi â hi i dŷ llaeth ei meistres, holltai hi a rhoi menyn ei meistres rhyngddi a mynd â hi i Nanw Rhisiart. Dyna lle byddai'r hen wraig yn eistedd wrth fymryn o dân ar waelod y grât, ei dannedd yn rhincian gan yr oerfel, ac yn torri i grio wrth weld y wigsen. Yr oedd yr hen greadures mor dlawd fel y bu'n rhaid ei symud i bentref arall i fyw at blentyn iddi. Ond bu farw yn fuan wedyn.

Pan oedd fy mam yn byw yn y Groeslon ar ôl priodi'r tro cyntaf, yr oedd yno hen wraig yn byw gyda'i mab neu ei merch. Arferai'r hen wraig hon smocio pibell glai, gan ddilyn arfer ei hieuenctid, ond arfer a oedd yn mynd allan o fod erbyn hynny. Yr oedd ar ei theulu dipyn o gywilydd ohoni, a gwnaethant dân yn y siamber er mwyn i'r hen wraig gael bod ar ei phen ei hun. Âi fy mam i edrych amdani a mynd ag owns o faco yn anrheg iddi, yn snêc bach felly! Nid oedd pethau fel darluniau na radio na dim y pryd hwnnw i fynd â'n bryd. Nid oedd digon o lyfrau i'w darllen, felly, ni flinem ni byth glywed yr hanesion yma, ond eu mwynhau fwyfwy bob tro. Cofiaf yr argraff a wnaeth stori Nanw Rhisiart arnaf. Yr oedd hi bron yn rhy drist i'w chlywed yr eildro, ond gwelir ei bod yn stori wrth fodd plentyn hefyd, gan fod yr hen wraig wedi derbyn y wigsen a'i mwynhau.

Gwaith caled yw gwaith tyddynnwr a'i wraig, yn enwedig yn y gaeaf. Y tymor hwnnw rhaid i'r wraig wneud llawer o'r gwaith allan, gan y bydd wedi tywyllu cyn i'r gŵr ddyfod adref o'r chwarel. Yn nyddiau fy mhlentyndod i byddai chwarelwyr yn gwisgo dillad ffustion, trywsus melfaréd, a oedd yn llwyd i gychwyn ac a olchai'n wyn, a chôt liain wen o dan ei grysbais. Bob mis, fe olchid y trywsus a'r gôt liain, ac yr oedd yn draddodiad ymysg chwarelwyr mai claerwyn oedd lliw y ffustion i fod pan fyddent yn lân ar ddechrau mis, er iddynt gael eu maeddu ag ôl llechi y diwrnod cyntaf. Mawr y beirniadu os na byddai'r ffustion yn berffaith wynion. Meddylier beth a olygai hyn mewn tai anhwylus. Yr oedd yn rhaid cario'r dŵr i'r tŷ i gychwyn, a'i ferwi mewn crochan mawr, hirgrwn a dwy glust wrtho. Ni ellid golchi'r trywsus beth bynnag ar y golchwr, yr oedd yn rhaid ei sgwrio â brws sgwrio, ac allan ar fwrdd wrth y pistyll y gwelais mam yn gwneud hyn ar bob tywydd. Yr oedd yn rhaid eu berwi ar y tân wedyn yn y crochan, mynd â hwy allan wedyn, i'w strilio (fel y dywedai fy mam) o dan y pistyll. Meddylier hefyd am geisio eu sychu yn y gaeaf, a byddai dwy neu dair siwt weithiau. Cofier hefyd nad oedd ddrws cefn mewn llawer o'r tai. Yn ychwanegol at hyn yr oedd dillad gwelyau a dillad isaf, ac ati, golchi, eu manglio a'u smwddio.

Pobid y cyfan gartref, mewn popty dwfn a oedd wrth ochr y tân, a lle i ddodi tân odano. Pobai fy mam, pan oeddem yn saith o deulu, naw o fara mawr mewn padelli haearn, deirgwaith mewn pythefnos. Gallaf eu gweld yrŵan, ar eu hochrau wrth y cwpwrdd gwydr yn oeri. Twymid y popty ar ddydd Sul hefyd i rostio'r cig a gwneud y pwdin. Ni chaem gig wedi ei rostio yn ystod yr wythnos, ag eithrio os digwyddai fy mam bobi yn y prynhawn, ond anaml y digwyddai hyn, gan mai un i wneud pob dim yn y bore ydoedd hi, ac yr oedd tân y popty yn mynd â llawer o lo. Cig wedi ei ferwi, efo lobscows a gaem yn ystod yr wythnos, neu iau a chig moch wedi ei ffrïo efo nionyn, a thatws. Tua chwech y caem bryd mawr y dydd, pan ddôi'r dynion o'r chwarel, a gofalai mam fod pryd iawn yn disgwyl y dynion.

Yn yr haf, byddai problem y bwyd yn un hawdd. Caem ddigonedd o datws newydd hyfryd o'r cae, digonedd o fenyn gyda hwy a llaeth enwyn. Ni welais mam erioed yn cynilo ar y menyn. Byddai dysgl fawr ohono ar y bwrdd a chaem gymryd hynny a ddymunem ohono. I orffen y pryd hwn yn yr haf, byddai gennym fara ceirch wedi i Elin Jones, Pen Ffordd, eu gwneud. Rhai mawr wedi cyrlio, ac mor denau â waffer. Nid oedd angen pryd mwy blasus i'r brenin.

Byddai fy mam yn corddi ddwywaith o leiaf bob wythnos, deirgwaith pan fyddai'r gwartheg ar eu llawn broffid, neu pan ddigwyddai fod gennym dair buwch yn lle dwy. Ni wahenid yr hufen oddi wrth y llefrith, eithr surid y llefrith i gyd mewn potiau pridd mawr, y potiau llaeth cadw, a fyddai'n un rhes ar hyd mur y tŷ llaeth. Rhoid y rhai hyn yn y gaeaf mewn casgiau wedi eu torri yn eu hanner a gwair ynddynt. Byddai gennym un pot pridd fel hyn i gadw'r bara hefyd, ond bod caead pren a handlen wrtho ar y pot bara, a llechi crynion, wedi eu gwneud yn y chwarel, ar y potiau llaeth cadw. Cofiaf un tro fod fy nhad wrthi yn cadw'r llestri ar ôl te, ar ddiwrnod poeth yn yr haf, a'r llechi wedi eu tynnu oddi ar y potiau, a'r un pren oddi ar y pot bara dros amser te. Anelodd fy nhad y dorth at y pot bara, ond fe ddisgynnodd i ganol y pot llaeth cadw, nes oedd hufen tew hyd y wal.

Rhoid y llaeth i gyd felly yn y corddwr i'w gorddi, a gwaith trwm oedd troi'r handlen am dri chwarter awr o amser nes iddo droi'n fenyn. Nid oedd wiw ychwanegu mwy o ddŵr nag oedd yn angenrheidiol, er mwyn ei frysio (gwnâi rhai hynny) neu fe fyddai'r menyn yn wyn ac anodd ei drin. Wedyn, tri chwarter awr arall neu fwy i drin y menyn, er mwyn cael y dŵr i gyd allan ohono, a'i gael yn bwysi solet i'w rhoi ar y llechen gron. Bwytaem ni bwys o fenyn bob dydd, gan fod llawer yn mynd ar y frechdan a roid yn y tun bwyd i fynd i'r chwarel. Wedyn, ni byddai ddim llawer ar ôl i'w werthu, dim ond digon i ryw un cwsmer neu ddau. Ambell dro ar achlysuron corddi deirgwaith yr wythnos, fe fyddai rhagor o fenyn, fe âi mam â hwnnw i'r siop, gan na allai gadw cwsmer arall rownd y flwyddyn. Ni allech ddarbwyllo pobl unwaith y dechreuech roi menyn iddynt, na fedrech eu cadw drwy'r flwyddyn. Print deilen fefus oedd ein print ni, a menyn rhagorol ydoedd, a gadwai yn dda ei flas am amser maith, gan mor llwyr y tynasid y dŵr a'r llaeth ohono.

Yn ychwanegol at y gwaith arall, byddai gwaith gwnïo mawr a thrwsio. Yr oedd gan fy mam beiriant gwnïo bychan a brynasai yn bur rhad yn siop fy ewythr, a'i cawsai yn siampl gan drafaelwr. Gwnâi fy nillad isaf i gyd a'm bratiau, dillad isaf fy mrodyr, a chrysau gwlanen isaf fy nhad, ond nid y rhai uchaf. Yr oedd yn rhaid gwneud y crysau gwlanen â llaw. Hefyd gwnâi drywsusau i'm brodyr pan oeddent yn yr ysgol o hen drywsusau i'm tad, ond ni fentrai ar y cotiau neu'r crysbeisiau. Yr oedd teiliwr gwlad yn Rhostryfan a wnâi'r cotiau yn rhad iawn. Byddai ewythr imi a oedd yn weinidog yn Sir Fôn yn anfon ei hen gotiau llaes inni, a byddai'r gwaelod ei hun yn ddigon i wneud un crysbais. Edrychent yn hynod ddel efo'r cotiau duon, trywsusau llwydion a choleri gwynion. Cofiaf, ar un adeg, pan oedd ei chwaer yn wael, y byddai mam yn gwneud crysau i'w genethod hithau, bedair ohonynt. Crysau calico a fyddai yn y ffasiwn y pryd hynny i ferched. Troediai sanau fy nhad hefyd yn bur aml, ac yn niwedd ei hoes, pan oedd ganddi fwy o amser, byddai yn eu gwau i gyd. Cofiaf o'r gorau, pan oeddwn gartref am dro o Donypandy, iddi ddangos llond trôr o sanau newydd a rhai wedi eu troedio imi, yn perthyn i'm tad i gyd, a dweud fod yno ddigon iddo petai'n byw i fynd yn gant. Ond gwau rhagor a wnaeth. Fe'i cofiaf ar lawer gyda'r nos yn dyfod â baich o sanau a'u gosod ar grud fy mrawd ieuengaf a'u trwsio, yr oeddwn i yn rhy fechan i helpu dim y pryd hynny.

Buasai fy mam yn weddw am chwe mlynedd a hanner cyn priodi â'm tad—collodd ei gŵr cyntaf pan oedd yn naw ar hugain oed, ac yn ystod yr amser hwnnw fe weithiodd yn galed i'w chadw hi ei hun a'i phlentyn. Âi allan i weithio i dai rhai mwy ffodus na hi ei hun, a gwneud pob gwaith. Y tâl a gâi am weithio o ben bore hyd tua chwech neu saith y nos fyddai swllt y dydd a'i bwyd, ac nid bwyd yr un fath ag a gaiff gwragedd heddiw. Ond fel heddiw byddai'r bwyd yn well mewn ambell le. Clywais hi'n dweud am un lle, a'r gwaith yn galed yno, y byddai'r wraig, cyn iddi gychwyn adref yn hel hen grystiau caled o waelod drôr y bwrdd mawr ac yn gwneud brŵes iddi ohonynt, neu roi potes am eu pennau. Yr oedd gan y wraig yma ddigon o fodd i roi gwell bwyd. Eithr nid ei dal ei hun fel gwrthrych tosturi a wnâi fy mam wrth sôn am y peth, gweld y peth yn taflu goleuni ar gymeriad y wraig y byddai hi. Gallaf ddychmygu mam yn dweud wrthi ei hun, 'Merch Hwn-a-hwn a Hon-a-hon wyt ti, a 'dwyt ti ddim gwell na minna', ac yn mynd adref wedyn i'w bwthyn, yn gwneud tanllwyth o dân a sgram flasus iddi hi ei hun.

Drigain mlynedd a rhagor yn ôl nid âi gwragedd i ysbyty i eni plant, ag eithrio'r cyfoethogion efallai. Cymerent ddynes i mewn i 'dendio' am wythnos. Dechreuodd fy mam wneud y gwaith yna, a châi ychydig fwy o dâl. Wrth wneud hyn fe gafodd brofiad o fod gyda'r meddyg pan enid plentyn ambell dro, a daeth yn fydwraig brofiadol. Dysgodd hefyd weini ar y claf. Pan ddaeth i Rosgadfan i fyw, yr oedd yno fydwraig dda yn barod, ac ati hi yr âi pawb. Ond pan aeth Marged Griffith, y Siop, yn rhy hen, dechreuasant ofyn am wasanaeth fy mam, ac am gyfnod maith bu'n mynd i wneud y gorchwyl hwn, ac ni chollodd fywyd erioed. Gofynnid iddi hefyd fyned at gleifion i wneud rhywbeth nad oedd angen galw'r meddyg ato, a gofynnid iddi fyned i dai yn oriau olaf rhyw glaf.

Yr oedd ganddi ddeheurwydd at wneud pethau fel hyn, a gallu i godi calonnau pobl. Clywais ddynes ifanc yn dweud, pan oedd ei mam newydd fod yn sâl, y byddai'n sirioli drwyddi pan welai fy mam yn dyfod yno ar draws y caeau, y byddai'n bleser edrych arni yn trin y claf, ac yn ei symud, ac yn fwy na dim gwrando arni'n siarad ac yn trin y byd. 'Bron na theimlwn,' meddai, 'y byddai'n beth braf bod yn sâl, er mwyn i'ch mam fy nghodi yn ei breichiau.'

Yr oedd dyn ifanc 38 oed yn sâl dan y diciâu, ac yn gorfod treulio'r dyddiau hirion yn gorwedd ar wastad ei gefn. Dywedodd wrth ei fam ryw ddiwrnod, 'Biti na ddôi Catrin Roberts o rywle inni gael tipyn o hwyl, ynte?' Ac yn wir, fe ddeuai C.R. i chi, a hithau tua'r pedwar ugain, a byddai yno hwyl.

Cofiaf yn dda wyliau Nadolig 1917, a minnau gartref ar fy ngwyliau. Neb arall gartref ond fy mam ac Evan fy mrawd a glwyfasid yn ddifrifol ar y Somme yn 1916. Rhywdro yn oriau mân y bore, dyma gnoc ar ffenestr y siambar ffrynt, lle y cysgai mam a finnau, a rhywun yn galw, 'Ddowch chi ar unwaith, Mrs Roberts, mae Wiliam ar yn gadael ni.' I'r cyfarwydd, hawdd gwybod nad dyn o Rosgadfan oedd y sawl a alwai, gan nad fel yna y buasai brodor yn ei chyfarch. Yr oedd nith i'r gŵr hwn wedi priodi Wiliam, Tŷ Hen, ein cymydog, ac wedi dyfod i fyw at ei nith. Mi gododd hithau yn syth o'i gwely, ac fe aeth allan i'r oerni heb feddwl am gymryd llymaid na thamaid. Yr oedd yn 63 mlwydd oed ar y pryd. Ychydig wythnosau cyn hyn buasai'n codi Wiliam i'w wely ar ôl iddo syrthio allan ohono, gyda help rhywun a alwyd oddi ar y ffordd, gan fod y claf yn ddyn mawr, a'i salwch wedi ei wneud yn drwm.

Clywais hi'n dweud iddi gael ei galw unwaith am bedwar o'r gloch y bore i dŷ lle'r oedd gwraig yn marw o'r cancr. Nid adwaenai'r wraig hon yn dda, gan mai dyfod at ei chwaer i dreulio ei misoedd olaf a wnaeth. Yr oedd golwg mawr ar y druan, wedi cael cystudd poenus, hir, a dyna'r unig dro, meddai hi, iddi bron fynd yn sâl.

Ar achlysuron geni plant deuai i gysylltiad â meddygon, yn naturiol. Cyn i feddyg arall ddyfod i Rostryfan rywdro yn nechrau'r ganrif, y meddygon Roberts o Ben-y-groes a wasanaethai'r ardal; y tad i ddechrau, ac yna'r ddau fab, Dr Edwin Roberts a Dr H Jones Roberts. Chwi gofiwch englyn R Williams-Parry i'w brawd, y Major Hamlet Roberts, sy'n diweddu, 'y werin gyffredin ffraeth' a'r englyn i'r fam, 'Bu'n llednais hyd benllwydni.' Yr oedd y Robertsiaid yn deulu urddasol, yn siarad Cymraeg gydag acen Rhydychen (os oes y fath beth) ac yn darllen llenyddiaeth Gymraeg. Yr oedd gan y Dr Jones-Roberts (y Cyrnol Jones-Roberts wedyn) ymddangosiad milwrol, yn fwstás a phopeth, a chyfrifid ef yn dipyn o ŵr mawr. Ond wedi ei adnabod, yr oedd yn un o'r dynion mwyaf gostyngedig a hawdd gwneud efo fo. Daeth fy mam i'w adnabod yn dda, a phob tro y byddai wedi bod ar ei thraed y nos efo'r meddyg, deuai adref efo llond sach o straeon am hen gymeriadau Dyffryn Nantlle.

Ar un o'r achlysuron hyn cafodd stori arall yn ychwanegiad. Buasai ef a mam ar eu traed trwy'r nos gyda'm chwaer-yng-nghyfraith. Yn y bore dyma'r ddau i lawr yn eu sliperi i frecwast, a Margiad Huws, mam fy chwaer-yng-nghyfraith a'm brawd wedi bod wrthi yn hel brecwast. Wrth agor drws y gegin orau o'r lobi, dyma beth a glywsant, 'Dyna fo, Owan, mae yna *ddigon* o steil iddo fo.' 'Oes, wir,' ebe'r meddyg wrthi, ac ymhellach ymlaen, 'Mae'n biti fod hen gymeriadau gonest fel hyn yn darfod o'r tir.' Gwraig hollol onest a diddichell oedd yr hen Fargiad Huws.

Dywedodd y meddyg wrth mam ar un o'r achlysuron hyn: 'Os bydda i byw ar ych ôl chi, mi ofala i y cewch chi gofgolofn ar ych bedd.' Ond bu ef farw flynyddoedd lawer o flaen mam.

Gwaith oedd hwn na byddai neb yn talu am ei wneud. Rhoi anrhegion y byddid, siôl neu liain bwrdd neu ffedog. Weithiau fe roid arian, ond fel anrheg ac nid fel tâl. Dyna oedd arferiad yr ardal a'r ardaloedd cylchynol. Cymdogaeth dda fel yna a geid y pryd hwnnw. Wedi i nyrs ddyfod i'r ardal, daeth pen ar fynd allan fel hyn, er i mam gael ei galw unwaith wedi i'r nyrs fynd ar wyliau.

Ar achlysuron fel hyn, os digwyddai fod yn wyliau ysgol, pan oeddwn yn blentyn, rhoddid gofal y tŷ arnaf fi. Cofiaf unwaith i mam orfod mynd ar hanner pobi. Nid oedd dim i'w wneud ond i mi gario ymlaen: yr oeddwn yn rhyw dair ar ddeg oed ar y pryd. Gwyliwn y bara a'u tynnu allan o'r popty pan fyddent yn barod. Cofier mai bara mawr mewn padelli haearn oeddynt. Am yr un rheswm dysgwyd i mi yn gynnar sut i dylino, ac nid pobiad bach mohono, ond llond padell fawr.

Ni chafodd crwydryn erioed fyned o'r drws heb rywbeth ganddi, a phrynai rywbeth gan y mwyafrif o'r bobl a ddeuai o gwmpas y wlad efo siop wen, pobl fel Mrs Lovell, o Gaernarfon, Saesnes wedi dysgu Cymraeg, yn briod ag un o deulu mawr o sipsiwn a oedd yn byw yng Nghaernarfon. Dynes dlos, fonheddig oedd Mrs Lovell. Câi baned o de bob amser gan mam. Begw Hapi hefyd, hen wraig a ddeuai i werthu eirin ym mis Medi ac i nôl ei blawd at y Nadolig. Byddai'n gwisgo rhwyd ddu, dew am ei gwallt, ond ni fyddem ni blant yn hoff o fyned yn rhy agos ati gan y byddai'n cosi ei phen. Câi hithau bryd o fwyd. Ond ni byddai Lisi Blac, y wraig bach a fyddai'n gwerthu Siôn a Siân, yn gwneud dim ond rhoi tro ar ei sawdl wrth y drws. Ni fyddai arnom eisiau prynu'r proffwyd tywydd hwnnw, ac nid oedd Lisi Blac yn ddynes siaradus o gwbl: credaf mai dim ond ychydig o Gymraeg a fedrai. Edrychai'n debyg i Hwngariad. (Bu gennym gath a alwem yn 'Lisi Blac' unwaith—cath ddu i gyd, a'i hoff le i orffwys fyddai'r bwced lo. Daeth mam adref o'r dre un diwrnod ar ôl bod yn gwerthu moch tewion. Yr oedd y tŷ yn dywyll ar ôl yr haul tanbaid allan, a'r tân bron wedi diffodd. Taflodd mam lo ar y tân isel, a beth a ddaeth allan o'r grât ond Lisi Blac. Ond nid oedd ddim gwaeth.) Mynn rhai mai swcro segurdod yw rhoi o'r math yna, ond buasai fy mam yn cytuno efo John Cowper Powys mai gwell yw methu drwy roi, na thrwy beidio â rhoi.

Deuai dynion bob hyn a hyn i drwsio'r ffordd, rhyw dri ohonynt, berwai fy mam ddŵr poeth iddynt, a rhôi ei bwrdd a'i chegin at eu gwasanaeth am yr awr ginio, a deuent yno weithiau o gryn bellter ffordd. Yn ein sied ni y byddai chwarelwyr y Bontnewydd yn cadw eu beiciau hefyd. Cofiaf unwaith i berthynas imi golli bachgen pedair ar ddeg oed yn sydyn iawn. (Wrth fynd heibio yn y fan yma, mae arnaf flys dweud stori am y bachgen yma. Yr oedd ef ac un arall o'r un oed yn aelodau o ddosbarth llenyddiaeth llewyrchus a fu gan R Williams Parry yn Rhosgadfan. Pan ddywedai'r bardd ar ddiwedd ei ddarlith a chyn dechrau'r drafodaeth, 'Y sawl sydd am ysmygu, ysmyged', byddai'r bachgen hwn a'i gyfaill yn tynnu Woodbine o'u pocedi, ac yn tanio fel gweddill y dosbarth.) Yr oedd y teulu yn ddigon tlawd, ac yr oedd llawer iawn o'r bai ar y fam am hynny, rhaid imi ddweud, er ei bod yn perthyn imi. Beth bynnag, ddiwrnod y claddu, fe ganfu mam ar ôl mynd i'r cynhebrwng nad oedd yno gerbyd o fath yn y byd, cario'r corff ar ysgwydd, a phawb gerdded. Wedi canfod hynny, er nad oedd hi wedi meddwl mynd i'r fynwent, oblegid yr oedd yn bur hen, dyma mam yn gafael ym mraich mam y plentyn, ac yn cydgerdded â hi i'r fynwent. Mae honyna cystal enghraifft â'r un o'i ffordd o drugarhau.

Ni buasai'n ceisio gwneud neb o ddimai. Gwell fyddai ganddi golli arian. Dychrynai gan ofn methu talu ei dyledion. Methai gwragedd chwarelwyr glirio eu dyledion yn y siopau yn aml, oherwydd y cyflog bychan a'r talu bob mis. Poenai hyn lawer ar fy mam, ond gofalai na wariai'r hyn a gâi am foethau, neu grwydro, ond mynd a thalu fel y medrai i bawb o'r hyn a oedd ganddi. Wedi i'w phlant ddyfod i ennill, llwyddodd i dalu i bawb, a'r unig beth a'i poenai y diwrnod y llwyddodd i wneud hynny, oedd nad oedd ei mam hi ei hun yn fyw iddi gael dweud wrthi. Un o'i dywediadau wedi iddi orchfygu oedd, 'Mi fedra i gerdded drwy'r ardal yma a dimai ar ben fy mys.' Cymeraf mai ystyr hynny oedd nad oedd arni'r ddimai i neb. Yn niwedd ei hoes prynai lawer o hetiau, ond ychydig iawn a wariai ar ddillad. Pan euthum i adref rywdro a synnu wrth weld yr holl hetiau mewn cwpwrdd, meddai hi, 'Mi 'rydw i'n gweld pob het yn gwneud imi edrach yn hen, ac yn prynu un arall i dreio.' Yr oedd hi dros ei phedwar ugain ar y pryd.

Yr oedd fy mam yn ddynes blaen iawn ei thafod, os cynhyrfid hi gan rywbeth. Pan fyddai wedi ei chynhyrfu y dywedai'r gwir plaen, ac nid mewn gwaed oer. Siaradwn am ddoethineb, neu y gallu i ddal ein tafod, yn aml fel rhinwedd mawr. Nid rhinwedd ydyw bob amser. Dibynna ar ein synnwyr o'r hyn sy'n gyfiawn, ac y mae'r bobl a chanddynt synnwyr o gyfiawnder yn gweld anghyfiawnder yn sydyn ac yn dweud y gwir, costied a gostio. Ystyr dal y tafod yn bur aml ydyw methu gweld anghyfiawnder, ac ystyrir pobl fel hyn yn ddoeth. Fy mhrofiad i o fywyd ydyw fod pobl ddoeth yn aml iawn yn fradwrus. Ar y llaw arall, mae yna bobl a ddyfyd bethau plaen mewn gwaed oer, pethau wedi eu meddwl ymlaen llaw, a dywedir hwy yn aml, nid oherwydd teimlo dros yr hyn sy'n iawn, ond er mwyn y pleser o frifo. I'r dosbarth cyntaf y perthynai fy mam. Gwylltiai'n sydyn, a deuai ati ei hun yn sydyn. Mae un enghraifft o'i phlaendra yn fyw iawn yn fy nghof. Yr oeddwn i gartref ar fy ngwyliau yn haf 1917, pan ddaeth y newydd am farw fy mrawd ieuengaf ym Malta. Fel y crybwyllais mewn lle arall, clwyfasid ef yn Salonica ym mis Chwefror, torrwyd ei goes i ffwrdd, cychwynnodd adref. Torrwyd ei daith ym Malta, ac yntau yn gwella'n dda erbyn hynny, cafodd 'dysentery', a bu farw. Buasai o bared i bost, o ysbyty i ysbyty am bum mis o amser. Yr wythnos y cyrhaeddodd y newydd, galwodd dau o flaenoriaid y capel i edrych amdanom (nid oedd gweinidog ar yr eglwys ar y pryd), a dyma un ohonynt yn dweud eu bod wedi galw ynghylch trefnu cyfarfod coffa i'm brawd y nos Sul dilynol. Digwyddwn i fod yn y tŷ llaeth ar y funud, a dyma a glywais gan fy mam, 'Cyfarfod coffa i bwy? Os cofio, mi allasech gofio fy hogyn i pan oedd o'n fyw. Mi fuo ar wastad ei gefn am bum mis o amser, a ddaru'r un ohonoch chi anfon cimint â gair iddo fo, er i fod o cystal â neb o'r fan yma am fynd i foddion gras. Mi gwelodd James Jones, Croesywaun, o unwaith yn Bebbington, ac mi anfonodd o lythyr iddo fo wedi clywed i fod o wedi i glwyfo.' Yr oeddwn i wedi glynu wrth lawr y tŷ llaeth, ac yn methu gwybod sut yr awn i'r gegin ac wynebu'r blaenoriaid, ond ar yr un pryd yn edmygu gwroldeb fy mam o waelod fy nghalon, ac yn teimlo am unwaith, beth bynnag, fod y gwir wedi ei ddweud yn y lle iawn. Dylwn egluro mai'r Parchedig James Jones oedd y gweinidog y cyfeiriai fy mam ato, tad y meddyg enwog, Dr Emyr Wyn Jones, Lerpwl, ac am fod fy modryb yn aelod yn ei eglwys, aethai i weld fy mrawd pan oedd yng ngwersyll Bebbington.

Ni wn a gafwyd cyfarfod coffa yn y capel, ond digwyddodd peth rhyfedd i mi y nos Sul dilynol. Buasai degau o bobl yn edrych amdanom y diwrnod hwnnw, nes oeddwn bron â mygu yn y tŷ. Yn union wedi i bawb glirio euthum am dro i'r caeau y tu uchaf i'r tŷ, a wynebai'r capel. Deuai'r canu i'm clyw trwy ddrysau agored y capel, canu yr oeddynt, 'Disgwyl pethau gwych i ddyfod, Croes i hynny maent yn dod.' Meddwn innau wrthyf fi fy hun, ''Sgwn i ar ôl pwy y maen' nhw'n canu honna?' Gall gofid gymryd cymaint o feddiant ohonom nes ein parlysu a methu gennym sylweddoli bod neb yn cyfeirio ato.

Cofiaf amgylchiad arall pan ddywedodd fy mam bethau pur hallt wrth ryw ddyn. Pan euthum i i'r coleg, ychydig iawn o help a geid gan bwyllgor addysg nac arall, a bu'n rhaid i mam ofyn am fenthyg, gan ŵr yr oedd ganddo bob siawns i wybod am ei gonestrwydd. Yn wir, ni buasai gan y gŵr hwn arian i'w rhoi oni bai am mam a rhai tebyg iddi. Ond fe wrthododd. Fe wylltiodd wrtho, a dweud ei barn amdano yn ei wyneb. Edifarhaodd yntau a chynnig wedyn. Ond nid dynes i dderbyn dirmyg fel yna oedd hi. Modd bynnag, ni chymerodd mo'i gorchfygu, ac fe gafodd yr arian mewn dull a'i bodlonai yn well o lawer, dull mwy amhersonol a thebycach i fenthyg o fanc, ac fe allodd eu talu fesul tipyn erbyn diwedd y flwyddyn.

Cofiaf amgylchiad arall ychydig cyn ei marw pan orweddai ar wely cystudd. Gweinidog o eglwys gyfagos wedi dyfod i edrych amdani, a dyma fo'n dweud, ' 'Dewch i mi gael tipyn o adnodau, 'rhen wraig.' Gwyddai mam gymaint o'i Beibl ag yntau petai hi'n mynd i hynny, ond dyma a ddwedodd hi wrtho, 'Na 'na i wir, well gen i gael sgwrs efo chi o lawar.' Nid oedd ragrith yn perthyn iddi.

Yr oedd gan fy mam feddwl ymchwilgar. Cymerai ddiddordeb mawr ymhob dim, nid yn unig yn y pentref, eithr yn y byd mawr y tu allan. Am wn i nad oedd ei diddordeb yn y byd tu allan yn fwy nag ym 'mân sôn' yr ardal. Byddai'n holi ac yn stilio, a byddai'n rhaid i ninnau wrando arni yn holi ac yn stilio, a cheisio ei hateb, ac os na lwyddem fe gaem gwestiwn arall, 'I be wyt ti'n da?' Fel hyn y byddai ei meddwl yn rhedeg, mi dybiaf. 'Mi fydda'i yn trio meddwl sut le sydd yn y gwledydd draw yna, sut bobol sy yno, a sut maen' nhw'n byw. Meddyliwch am yr holl filiynau o bobl sy tua Tseina ac India fforna. Mi fydda i'n dyfaru na baswn i wedi mynd i'r Mericia pan oeddwn i'n ifanc'. Byddai wrth ei bodd yn darllen am y gwledydd 'tu hwnt i'r moroedd mawrion', ys dywedai'r hen John Jones, y Foty, ar ei liniau yn y sêt fawr, ac fe gaem ninnau'r wybodaeth wedyn ganddi. Darllenasai yn rhywle fod pobl Tibet (Tŷ Bet y galwai hi'r wlad honno) yn dweud 'Diolch' drwy ddal eu dau fawd i fyny, ac estyn eu tafodau allan. Yr oedd hynny wedi ei goglais yn arw, a chaem y perfformiad yn bur aml ganddi. Yn wir, y ni'r plant a ofynnai am y perfformiad. Gwyddai'n bur dda mai cael hwyl y byddem, ond yr oedd ei synnwyr digrifwch yn gyfryw fel y bodlonai ni. Yr oedd ei chwilfrydedd ynghylch y teulu brenhinol yn frad ar ei theimladau democrataidd. Ond yn y fan yna eto, holi am fyd dieithr fel Tibet yr oedd hi. Yr oedd arni eisiau gwybod sut yr oedd y teulu brenhinol yn bwyta, ai oddi ar lestri aur neu rai mwy cyffredin, a gaent fyned i rywle heb gwmpeini, a gaent gerydd pan na wnaent bethau yn iawn. Credai hi, pan oedd yn blentyn meddai, y saethid y Frenhines Victoria os byddai'r mymryn lleiaf o'i le yn ei hymddygiad. Darllenai bob dim y cai afael arno ar y teulu brenhinol, a gwyddai eu hachau o bant i dalar. Gallaf ei chlywed y munud yma yn sôn am 'y dywysoges Ena yna o Sbaen (yr 'e' Gymraeg a swniai hi yn 'Ena'). Ni wn ar y ddaear sut y dôi enw honno ar y bwrdd mor aml ychwaith.

Ni bu fy mam erioed mewn drama, na darluniau byw nac eisteddfod, ond yr wyf yn sicr petai'r fath beth yn bod â darluniau Cymraeg, a'i bod hithau wedi dechrau cael blas arnynt, y byddai'n anodd iawn ei chael oddi yno. Meddwl rhamantus oedd ganddi. Ond soniaf am yr amhosibl, yr oedd tipyn o ddramâu yn dyfod i Rosgadfan weithiau, ond nid aeth erioed i weld yr un. Yr oedd ymblesera yn bechod ganddi. Yr oedd yn well ganddi aros gartref a darllen, a byw ar ei dychmygion ei hun. Ond gwn hyn, petai'r fath beth yn digwydd â'i bod yn mynd i ddrama, na chaem ni ddim ond ein cwestiyno wedi dyfod

137

adref. 'Pam yr oedd hwn a hwn yn gwneud fel y gwnaeth o, pam y deudodd o'r peth a'r peth?'

Anaml y byddem ni yn tewi â siarad ar yr aelwyd, a chredaf, os rhoed imi unrhyw ddawn i greu deialog mewn stori, mai dysgu a wneuthum ar yr aelwyd gartref, a mam fyddai'r prif siaradwr. Peidiwch â meddwl, er hynny, mai dynes gegog oedd hi, ac yn hoffi siarad ymhobman. A dweud y gwir, ychydig, mewn cymhariaeth, a siaradai y tu allan i'w thŷ ei hun. Yr oedd fel petai'n cael gollwng stêm ar ei haelwyd, fel nad oedd ganddi ddim stêm i'w ollwng wedi mynd allan. Efallai y cofia rhai ohonoch am y dyn bach hwnnw mewn stori gan Mr J D Powell, a gâi ei gadw i lawr yn ei dŷ gan ei wraig, ond a gâi ei gollwng hi mewn huodledd ar ei liniau o flaen gorsedd gras. Rhaid i bersonoliaeth lawn gael ei gollwng hi yn rhywle. Peth arall, yr oedd gan fy mam well cynulleidfa yn ei thŷ nag a gâi yn unman arall. Dywedai wrth y gweddill ohonom: 'Poerad un ohonoch chi er mwyn i rywun arall gael siarad.' Y hi fyddai y rhywun arall bob tro. Daethai ei barn am bawb a phopeth yn ddiwahaniaeth, pethau enllibus yn aml. 'Yn y cwat y byddi di,' meddai fy nhad dan chwerthin. 'Yn fan'ma yr ydw i yn i ddeud o,' meddai hithau. Ystyr hynny ydoedd, na byddai hi byth yn ei ddweud yn unlle arall, ac yr oedd hynny yn wir, gartref y dywedai hi'r pethau. Daeth y dywediad, 'yn fan'ma rydw i yn i ddeud o', yn gyfystyr i ni â 'cyfrinach ydy o, cofiwch.' Cofiaf yn dda fel y byddai yn ei dweud hi am Iarll Lloyd George adeg y Rhyfel Byd Cyntaf; a chyda llaw, ni bu'r Iarll erioed yn wron yn ein tŷ ni, na'i lun ar y wal. Mae'n wir nad ymanasai hynny ddim ar Lloyd George pes clywsai, ond rhôi dipyn o fodlonrwydd i wraig wrthryfelgar yn brwydro ag amgylchiadau ar ochr mynydd noethlwm. Câi Amen fy nhad ar Lloyd George. Beirniadai rai pregethwyr, y pregethwyr distaw, ac ni allai ddeall pam na phregethent yn ôl disgrifiad y Parch Robert Jones, Llanllyfni, 'nes byddai pechaduriaid yn gweiddi fel perchyll mewn llidiart'.

Cafodd hi un profiad a yrrodd bregethwyr yn is fyth yn ei golwg. Ni chlywsai erioed mo'r Parch John Williams, Brynsiencyn, yn pregethu, a rhyw Basg, pan oedd y Parch John Williams yn un o bregethwyr y cyfarfod pregethu yn Rhostryfan, penderfynodd fyned i wrando arno. Aeth pethau o chwith o'r cychwyn. Arhosai Mr Williams yn Llanwnda, cyrhaeddodd y capel am 6.10, ac yr oedd y myfyriwr a oedd i ddechrau'r gwasanaeth wedi aros nes iddo gyrraedd. Yn lle cwtogi'r gwasanaeth dechreuol, cymerodd y myfyriwr yr hanner awr arferol. Pregethodd yr Athro David Williams gyntaf, yn nerthol ac o ddifrif. Oherwydd hynny, ni allai yntau gwtogi ei bregeth. Cododd y Parch John Williams i bregethu. Rhoes ei ragymadrodd yn hollol ddieffaith, ac ymhen ugain munud eistedd, er siom i bawb. Ni bu diwedd byth ar edliw mam ynglŷn â'r bregeth yna. Nid oedd wiw i neb sôn am yr amgylchiad yn ei chlyw.

Cofiaf un tro ei bod yn traethu yn arw ar sefyllfa'r byd, a dyma hi'n dweud reit sydyn, 'Petawn i wedi cael addysg, mi faswn i'n troi Ewrob a'i gwynab yn isa.' Yr oedd y dywediad mor ysgubol fel y cymerwyd y gwynt o'n hwyliau am y tro. Yr oedd gan fy mam rai plant a oedd cyn ffraethed â hithau, ond y tro hwn buont yn fyr iawn, ac ni allodd yr un ohonynt ateb, 'Lwc na chawsoch chi ddim addysg', neu 'Piti na fasach chi wedi *cael* addysg.' Yn ei dychymyg hi ei hun, yr oedd hi ar hyd ei hoes yn arwain gwrthryfel yn erbyn anghyfiawnder. Fe welai ddigon ohono ar raddfa fechan o'i chwmpas, ac fe ddarllenai ddigon amdano yn y byd. Nid â geiriau gochelgar y datganai ei barn. Llwynogod y galwai hi bobl a ddatganai eu barn felly, neu na ddatganai mohoni o gwbl. Yr oedd yn rhaid iddi gael ysgubo pob dim ymaith o'i blaen. Cofiaf ryw nos Sul fod fy nai, Griffith Evans, acw i swper, a dyma Griffith yn dweud, er mwyn cychwyn sgwrs: 'Wedi gwrthod yr alwad i'r Rhos (sef Rhostryfan) y mae Hwn-a-Hwn.' (Yr oedd y gŵr dan sylw yn ŵr galluog iawn a chanddo radd ddisglair.) 'Ia debicini wir,' meddai mam, 'os oes gynno fo *rywfaint* o garitor.' Dyna i chi ysgubo Rhostryfan oddi ar wyneb y byd. Rhyfedd hefyd a hithau yn un o'r Rhos, ond ni faliai mam lawer am y Methodistiaid, Annibynreg oedd hi yn y bôn.

Dyma hi'n dweud ryw ddiwrnod am ryw wraig a oedd yn gryn dipyn o swel, wedi adeiladu tŷ, ond heb ddigon o arian i wneud cwt glo: 'Hy, ac y mae hi'n ysgwyd 'i charpads, byth a beunydd, ac yn cadw'i glo yn y twll tan grisiau.' 'Siŵr iawn,' ebe Evan fy mrawd, 'dyna pam *mae* hi'n gorfod ysgwyd 'i charpads.' (Rhaid imi egluro yn y fan yma mai dim ond gan y dosbarth uchaf yn ein hardal ni yr oedd carpedi, ni allai'r rhan fwyaf fforddio cymaint ag oelcloth, ar y carped yr oedd pwyslais fy mam, ac nid ar yr ysgwyd.) Byddai Evan yn ffraethach na hi yn aml, ac ni hoffai hi hynny. 'O,' meddai, wedi cael ei gwneud, ' 'd oes dim rheswm ar Evan.'

Fel yna y byddem, pawb y pryd hynny yn gallu chwerthin. Rhof enghraifft arall o'r ysbryd hwn. Daeth mam i aros yma atom i Ddinbych am wythnos yn 1936. Ymhen tipyn o ddyddiau dyma lythyr iddi oddi wrth Richard fy mrawd. 'Darllen di o imi,' meddai wrthyf fi, ''rydw i wedi gadael fy sbectol yn y llofft.' Dechreuodd fy mrawd drwy ddweud nad oedd ganddo newydd o fath yn

140

y byd. Wedyn aeth ymlaen i ddweud fod Hwn-a-Hwn wedi priodi efo Hon-a-Hon (y ddau dros eu 80 mlwydd oed); fod Hwn-a-Hwn wedi dengid efo gwraig rhywun arall—yr oedd y bobl a enwai yn bobl go iawn o'r ardal; bod Hon-a-Hon wedi cyflawni rhyw weithred erchyll. Wedi cyrraedd y fan yna, dyma hi'n dweud, 'Celwydd i gyd, be sy haru'r hogyn?' Aeth y llythyr ymlaen beth yn yr un dull, a diweddodd trwy ddweud, ''roeddwn i'n dweud nad oedd gen i ddim newydd, felly dyma fi'n gwneud rhai, er mwyn llenwi papur'!

Yr oedd ganddi gryn graffter i adnabod pobl a dadelfennu eu cymeriad, a naw gwaith o bob deg, os digwyddai newid ei barn, ei barn gyntaf a oedd yn iawn. Yn wir, rhyfeddwn yn aml at y craffter a welai bethau neilltuol mewn cymeriad, pan na welai neb arall ddim ond rhyw gymeriad gwastad di-liw. Iddi hi, yr oedd pobl yn dragwyddol ddiddorol a rhywbeth newydd yn dyfod i'r golwg o hyd. Fe wyddom am bobl sy'n symio pobl eraill ag un gair, megis 'neis', neu 'ragorol', neu 'ddrwg', heb weld o gwbl fod yna blygion a haenau eraill yng nghymeriad y bobl yna. Ond gallai fy mam weld y manion yna, a sylwi arnynt, a gwerthfawrogi'r rhinweddau a oedd o dan y brychau. Yr oedd ei chraffter yr un fath hyd ei bedd, ynglŷn ag ymddangosiad personol. Sylwai mewn eiliad ar rywbeth. Cofiaf y byddai fy modryb Elin, a oedd yn byw yn ei blynyddoedd olaf yn y Rhyl, yn dyfod i edrych amdani. Gwisgai fy modryb ddillad da, trwsiadus bob amser, ond, os byddai'n trafaelio, fe ddôi â rhyw hen ambarél gyda hi rhag ofn ei golli. Pan gyrhaeddodd hi'r drws un tro, dyma mam yn dweud, heb gymaint â gofyn sut yr oedd, 'Ble cest ti'r hen ambarél blêr yna?'

Yr oedd yn sgut am ddarllen. Darllenai bopeth y câi

afael arno yn Gymraeg. Y gwaethaf ohoni oedd nad oedd digon o lyfrau Cymraeg i'w cael iddi. Deuai rhyw bedwar o bapurau Cymraeg i'n tŷ ni bob wythnos, yn yr adeg pan ffynnai papurau Cymraeg, a nifer o gylchgronau bob mis. Ni allem fforddio llawer iawn o'r olaf. Darllenai hwynt i gyd yn fanwl. 'Oes yna ddim rhyw lyfr newydd?' fyddai ei chwestiwn yn aml. Pan âi yn big arni am ddim i'w ddarllen, ail ddechreuai ddarllen ei Beibl o'i gwrr. (Ystyr 'o'i gwrr' ydyw dechrau rhywbeth yn ei ddechrau a mynd ymlaen i'r diwedd.) Aeth mor fain arni unwaith fel y darllenodd esboniad y Parchedig Richard Humphreys, y Bontnewydd, ar lyfr Genesis, a'i sylw ar y diwedd oedd ei bod wedi dysgu llawer iawn o ddaearyddiaeth.

Meddwl rhamantus a oedd ganddi. Yr oedd yn ddigon bodlon edrych ar fywyd yn hollol fel yr oedd bob dydd, ac ni chaeai ei llygaid i'w bethau annymunol. Ond mewn stori yr oedd arni eisiau gweld bywyd fel y dymunai hi iddo fod ac nid fel yr oedd. Oblegid hynny ni hoffai straeon Richard Hughes-Williams, yr oedd gormod o farw ynddynt yn ei barn hi—ym marn y beirniaid hefyd ond am reswm gwahanol. Nid wyf yn meddwl ei bod hi yn malio dim am fy storïau innau ychwaith—ni chlywais mohoni yn dweud yr un gair amdanynt y naill ffordd na'r llall, na'r un arall o'm teulu. Yr oedd fel rhyw ddeddf anysgrifenedig i fod yn dawel ar y pwnc. Yr oedd hyn yn beth rhagorol o braf i mi, a chredaf mai'r un yw profiad llawer sy'n ysgrifennu, y gallant sôn am eu gwaith wrth bawb ond eu teulu. Gellir dweud yr un peth am lawer pwnc heblaw ein gwaith. Ni roddai dim fwy o bleser i mam na chael stori reit hir, y cymeriadau yn myned trwy lawer o brofedigaethau a helbulon, ond yn dyfod allan yn fuddugoliaethus ar y diwedd. Ond, ni roddai flewyn am stori o'r natur uchod os byddai wedi ei hysgrifennu'n sâl.

Fe ddarllenai nofelau Llew Llwyfo, ond ni soniai amdanynt wedyn, fel y soniai am nofelau Daniel Owen. Medrai werthfawrogi disgrifiadau da, na nid disgrifiadau i'm mam. Ni chlywais mohoni erioed yn defnyddio'r gair yna. 'Darlunio' a ddefnyddiai hi bob amser. 'On'd tydi o'n darlunio'r cathod yn dda?' meddai am *Monica*. Yr oedd Daniel Owen wedi difetha *Gwen Tomos* iddi drwy wneud iddi ddiweddu yn anhapus. 'I beth oedd eisio iddo fo fynd â hi i'r Mericia,' meddai, 'yn lle gorffan pan gawson' nhw'r pres yn y cwpwrdd?' Wel, ie wir. Gwn mai meddwl ei dymuniad o gael diwedd hapus yr oedd fy mam. Yr oedd Rheinallt a Gwen yn caru. Yr oedd Gwen wedi gadael i'w harian fynd i'w brawd yn hollol ddirwgnach, yr oedd wedi gweithio yn galed. Felly, yn ôl ymresymiad fy mam, fe ddylai rhyw iawn ddyfod iddi. Fe ddaeth trwy ddamwain wrth ganfod yr arian; i beth, felly, yr oedd eisiau canlyn ymlaen ar ei bywyd, yn lle gadael inni ddychmygu i'r ddau fyw yn hapus byth wedyn? Dyna ein tuedd i gyd, gwell gennym dynnu'r llen i lawr pan fo'r haul yn tywynnu, a gadael y dyfodol i'n diymwybod. Eithr o safbwynt technegol, credaf y byddai *Gwen Tomos* yn well fel nofel pe gorffenasid hi yn y fan yna.

Pan oeddwn yn byw yn y De byddwn yn arfer anfon pob llyfr diddorol a ddôi allan o'r wasg Gymraeg i'm cartref. Pan gyhoeddwyd *Monica*, ni wyddai fy ngŵr a minnau yn iawn beth i'w wneud. Yr oedd fy mam yn bur eang ei bryd, ond gwyddem fod llawer o'r Piwritan ynddi yn y bôn, ac anodd oedd penderfynu sut y cymerai hi *Monica*. Penderfynasom beidio â'i anfon iddi. Modd bynnag, pan aethom adref ymhen sbel, darganfuom fod mam wedi cael *Monica* ac wedi ei darllen. Yr oedd fy chwaer-yng-nghyfraith (o Lanberis yn awr) yn garedig iawn wedi ei roi iddi yn anrheg penblwydd, heb ddarllen y nofel ei hun, ond yn gwybod yn iawn am waith Saunders Lewis a'r parch a oedd iddo yn fy nghartref. Pan ddeallasom ei bod wedi ei darllen, nid oedd dim amdani ond gwneud gwarrog i dderbyn y gwaethaf. Ond yn wir i chi, yr oedd hi wedi ei mwynhau yn fawr, nid yr un fath â'r nofelau 'hapus byth wedyn', yn sicr. Ei dull hi o ddarllen nofel oedd ei darllen yn frysiog i'r diwedd i weld beth oedd wedi digwydd, ac yna ei hail ddarllen i'w mwynhau. Ni allaf ddychmygu amdani yn *gallu* gwneud hynny o gwbl â *Monica*. Ei barn am *Monica* ei hun oedd, 'Mi gafodd yr hen jadan bob dim oedd hi yn 'i haeddu.' Barn y beirniaid am *Monica* oedd bod 'yr hyn a heuo dyn, hynny hefyd a fêd efe', i'w weld yn amlwg drwyddi. Fe ddywedodd fy mam yr un peth yn ei dull gwerinol ei hun. Ar wahân i hynny, yr oedd wedi mwynhau y darlunio a geid ynddi, a chyfeiriai atynt yn fynych.

Wrth glywed pobl yn dweud fod tafodiaith Deau a Gogledd Cymru yn annealladwy i'r naill y llall, byddaf yn meddwl am fy mam, a'r ymdrech a wnaeth i geisio deall iaith y De. Ni wêl yr achwynwyr hyn ddim anhawster wrth geisio deall tafodiaith Wessex neu unrhyw dalaith arall o Loegr. Ymdrechodd fy mam yn galed gyda llithiau'r Tramp yn y *Darian*. Mae'n siŵr na allodd feistroli'r dafodiaith mwy na neb arall nas maged yn y rhan honno o Gymru, ond wrth ddarllen a darllen daeth i allu mwynhau llithiau'r Tramp. Cofiaf mai ei dau hoff lyfr yn ei blynyddoedd olaf oedd hanes Siencyn Penhydd a phregethau Dafydd Ifans, Ffynnonhenri. Rhoes fenthyg y cyntaf i rywun, ac ni chafodd ef yn ôl. Fy nghopi fi oedd yr ail, a gallai wrthod rhoi ei fenthyg drwy ddweud nad oedd biau hi mohono. Darllenasai hanes Siencyn Penhydd gymaint o weithiau fel y gwyddai ef yn drwyadl, a chaem ninnau'r plant glywed ei gynnwys. Apeliai plaendra Siencyn ati, a'i hoff hanes ynddo oedd hanes y gŵr hwnnw yn mynd i ryw eglwys i dorri siopwr o'r seiat oblegid iddo dorri. Cyn iddo wneud hynny, aeth i chwilio faint o arian y siopwr a oedd allan. Canfu fod ar nifer mawr o aelodau'r eglwys honno arian iddo. Aeth i'r seiat a dywedodd wrth y bobl yma, oni thalent eu dyledion i'r siopwr, y torrid hwythau allan. Yr oedd yr arian i gyd wedi eu talu cyn y seiat ddilynol, ac ni bu'n rhaid torri'r siopwr na neb arall allan. Apeliai'r hanes at fy mam, oblegid na chafodd neb gam.

Yr un fath â phregethau Dafydd Ifans, darllenai hwynt drosodd a throsodd. Y darn pregeth ar bläau'r Aifft a hoffai hi fwyaf. Ar un cyfnod deuai nith garedig, Jane, Glyn Aber, â'i chinio iddi bob Sul, a byddai ganddi hithau, felly, amser i ddarllen yn y bore. Buasai'n darllen y bregeth ar y pläau un bore Sul, a phan ddaeth ei chinio, yn cynnwys clun cyw iâr hyfryd, yr oedd Dafydd Ifans wedi cael cymaint gafael ar ei dychymyg, meddai hi, fel y meddyliodd mai llyffant Ffaro oedd y glun am eiliad !

Gallwn ysgrifennu llawer rhagor am fy mam, ond credaf imi ddweud digon i ddangos pa mor llawn oedd ei bywyd a chymaint o waith a wnaeth hi yn ei hoes, a hynny o dan lu o anfanteision. Bu'n wael iawn ei hiechyd o amser y Rhyfel Byd Cyntaf hyd tua 1926. Câi gasgliad ar ei stumog o hyd, a hwnnw'n torri. Erbyn 1926, yr oedd tyfiant mawr ar waelod ei stumog, yr oedd yn rhy denau ac yn rhy wan i gael gweithred lawfeddygol, ond drwy foddion eraill a olygai ladd neu wella, cafodd wared o'r tyfiant. Daeth yn llawer gwell ar ôl hynny, a chafodd lawer llai o boenau. Fel gyda phob dim arall, ymdrechodd yn galed gyda'i hanhwylder. Nid arhosai yn ei gwely ond pan na allai symud. Cofiaf yn yr amser yma, a hithau mor wan a thenau fel ei bod yn boen edrych arni, fod Jac y Do wedi dyfod i lawr simnai'r gegin orau. Ni allai fyned i fyny yn ei ôl na dyfod i lawr. Ceisiodd pawb ei gael allan. Clywem ef yn symud bob hyn a hyn, a gwyddem ei fod yn mynd yn wannach ac yn wannach. Y trydydd diwrnod, dywedasom fod yn rhaid mynd i nôl rhywun i wneud rhywbeth i'r corn, oblegid yr oeddem bron â gwallgofi. Ond dyma mam yn gwneud un cynnig arall, a chyda'i braich hir, denau, gwnaeth un ymdrech ddi-droi'n-ôl, a chael y Jac Do i lawr.

Yr wyf yn hollol ymwybodol o wendidau fy nheulu, nid yw cariad yn ddall bob amser, ond yr oedd y rhinweddau mor fawr fel y byddai'n grintachlyd sôn am y gwendidau. Gall rhai ohonoch dybio fy mod wedi gorliwio'r rhinweddau. Fel arall yn hollol, teneuo'r lliw a wneuthum yn lle ei blastro'n dew. Pe buasai fy rhieni wedi eu geni â llwy arian yn eu geneuau, buaswn yn sôn am eu gwendidau hefyd, ond fe syrthiodd eu llinynnau ar dir llwm, ni bu ffawd yn garedig wrthynt, cawsant ddioddef mawr, eithr, a dyma'r peth mawr, ni ildiasant. Ymdrechasant ymdrech deg, yn onest, yn gywir, yn garedig wrth gymdogion, heb galedu eu calonnau, eithr ennill hynawsedd wrth fyned ymlaen mewn dyddiau, a gorchfygu. A fyddai'n weddus sôn am wendidau mewn rhai a frwydrodd mor galed?

Ni welsom erioed gyfoeth, ond cawsom gyfoeth na all neb ei ddwyn oddi arnom, cyfoeth iaith a diwylliant. Ar yr aelwyd gartref y cawsom ef, a'r aelwyd honno yn rhan o'r gymdeithas a ddisgrifiais ar y cychwyn. Yn y fynwent yn Rhosgadfan mae'n gorwedd gymdeithas o bobl a fu'n magu plant yr un pryd â'm rhieni innau, ac yn ymdrechu'r un mor galed. Cymry uniaith oeddent i gyd, a chwith oedd gennyf weld pa ddydd, fod ambell garreg fedd Saesneg, fel dant y llew Crwys, wedi ymwthio i'r ardd honno.

Dyma un o'r pethau a ddywedodd fy mam wrthyf yn ei chystudd olaf, ''Rydw i wedi cael oes faith a helbulus, ac mi fydda' i'n dyfaru am lot o betha heddiw. Mi fydda' i'n dyfaru na baswn i wedi canu mwy i chi, a deud mwy o straeon wrthoch chi pan oeddach chi'n blant, ond 'roedd gin i gimint o waith.' Mae hynyna yn symio ei brwydr bob amser rhwng ei phleser a'i dyletswydd. Bûm yn ffortunus yn fy nghartref a'm rhieni, efallai petawn yn llai ffortunus y buasai gennyf fwy o themâu i nofelau, ond i mi yn bersonol, gallaf edrych yn ôl gyda hyfrydwch heddiw, nid oherwydd llyfnder y bywyd gynt - bu'n galed a stormus, ni bu'n heddychlon bob amser — ond oherwydd na ddaeth dim byd chwerw ei flas allan ohono. Ni allaf fi 'edrych yn ôl mewn digofaint' — yr oedd mwy o gamp nag o remp yn fy nghartref a'r gymdeithas y maged fi ynddi.

10

PERTHNASAU ERAILL

Yr oedd gan fy nain Bryn Ffynnon chwaer, Neli, yn byw ar ochr Alltgoed Mawr, rhyngom a'r Waunfawr, mewn tyddyn bychan o'r enw 'Regal'. Ni wn beth yw ystyr 'Regal', awgrymai'r Dr W J Gruffydd mai 'Yr Eagle' ydoedd. Ar wahân i'w llygaid yr oedd y chwaer hon yn bur annhebyg i'm nain, un weddol fer, gron ydoedd, ac yr oedd yn bur wahanol ei chymeriad. Ystyrid hi yn 'gymeriad', am ei bod, mae'n debyg, yn un bur ffraeth ei thafod, yn ddigrif, heb falio dim yn neb, ac yn dweud y gwir plaen am bawb. Yn dipyn o bagan hefyd. Yr oedd bedair blynedd yn hŷn na'm nain, ac yn ei blynyddoedd olaf y deuthum i i'w hadnabod, pan oedd ei chof yn dechrau mynd, ond ei thafod a'i thraed yn bur chwim. Nid wyf yn meddwl iddi symud efo'r oes mewn dim, mewn na dillad nac arferion nac iaith. Mae'n siŵr gennyf mai'r un math o wisg a wisgai yn 88 ag a wisgai yn 48, sef pais stwff, nid becwn yn hollol ond bodis llaes, barclod hen ffasiwn, siôl bach, cap gwyn a ffrilin wrtho, a het fach fel crogen, a'i hymyl wedi ei rwymo â ruban melfed, a chlocsiau am ei thraed. Os byddai arni angen mynd i Gaernarfon, yn y dillad yna yr âi, heb falio dim yn neb. Cofiaf ei gweled yn mynd i lawr Stryd y Llyn, rywdro ar awr ginio pan oeddwn yn yr Ysgol Sir, wedi ei gwisgo fel yna, ac yn cario piser neu fasged ddillad ar ei phen yn yr hen ddull. Yr oedd ei hwyneb yn ddifrifol iawn, oherwydd y baich ar ei phen reit siŵr, ac nid edrychai i'r dde na'r aswy, ond mynd yn ei blaen fel tywysoges, yn osgeiddig ei cherddediad. Yr oedd rywle rhwng 80 a 84 mlwydd oed y pryd hynny. Ni wn ar y ddaear beth oedd ganddi ar ei phen. Tueddaf i gredu mai piser ydoedd, ac mai llaeth enwyn a oedd ynddo. Os felly, rhyw hobi oedd y cwbl ganddi, oblegid nid oedd arni angen hynny o arian a gâi am y llaeth enwyn, a ph'run bynnag, nid oedd ar ei mantais o'i gario o'r tu uchaf i'r Waunfawr i Gaernarfon. Ond yr oedd hi a'm nain yn rhyfedd ynglŷn â chario rhywbeth mewn piser, y ddwy yn eu dyddiau olaf yn mynnu cario dŵr mewn piser, er nad oedd ar neb eisiau iddynt wneud hynny.

Adroddid un stori gwerth ei hailadrodd amdani. Yr oedd hi a'm nain yn gweini mewn ffarm tua Chaeathro, ni wn pa un ai ym Mhrysgol (cartref Wiliam Owen) ai yn rhywle yn ymyl. Yr oedd gan y wraig frawd, a drafaeliai o gwmpas ynglŷn â'i swydd, a phob tro y dôi i'r gymdogaeth, arhosai gyda'r chwaer. Câi'r brawd hwn yr enw ei fod yn dipyn o dderyn. Fel y byddai'r arfer y dyddiau hynny, yn aml iawn, troid un o'r parlyrau ar y llawr, yn ystafell wely, a hon oedd yr ystafell wely orau yn y tŷ hwn. Un tro pan ddaeth y brawd i aros gyda meistres yr hen fodryb, aeth i'r llofft a cheisiodd gusanu un o'r morynion neu rywbeth. Certiodd Neli ef i lawr y grisiau ac i'w ystafell. Yna aeth i chwilio am gortyn a chlymodd glicied drws y siambar wrth bostyn isaf y grisiau. Mewn carchar felly y bu'r gŵr hyd y bore. Mae'n siŵr mai Neli oedd y gyntaf i godi, a chyn gwneud tân na dim, aeth allan i'r ardd a thorrodd wroden (ffon) o'r coed. Dadfachodd ddrws y siambar, aeth i mewn, a chwipiodd y dyn cyn iddo gael amser i ddeffro. Mae'r hanes yn fy atgoffa am stori a glywsom ganwaith gan fy nhad am ryw ddyn a arferai roi cweir i'w fab am wneud drwg, ac adrodd y fformiwla hon uwch ei ben bob tro, ' 'R wyt ti'n cael cweir nid am y drwg wnest ti, ond rhag iti wneud drwg eto.' Gwers ar gyfer y dyfodol a roes Modryb Neli, mae'n sicr!

Dengys y stori hon amdani gymaint o'r Piwritan a oedd ynddi, er gwaethaf ei hystyried yn dipyn o bagan.

Yn ei blynyddoedd olaf pan oedd fy nain yn byw gyda'i merch yn y Bontnewydd, deuai i fyny atom ni am ychydig amser yn yr haf, ac un o'r troeon hynny anfonasom i'r Alltgoed Mawr at yr hen fodryb i ofyn iddi ddyfod drosodd atom am brynhawn. Mae'n siŵr mai anfon neges efo rhywun o'r chwarel a wnaethom. Ni chofiaf o gwbl glywed neb yn ei galw wrth ei henw llawn, ni wyddwn ar y ddaear beth oedd ei chyfenw, ac felly ni wn sut y buasem yn cyfeirio llythyr ati. Yr oedd ganddi ryw ddwy filltir i gerdded, dros ddarn o fynydd, ond nid oedd y ffordd yn serth ag eithrio'r darn cyntaf o'i thŷ i lidiart y mynydd. O weithio allan ei hoedran hi a'm nain ar y pryd rhaid bod fy hen fodryb tua 86 i 88 mlwydd oed, a'm nain tua 82 i 84. Fe ddaeth yr hen wraig yn ei dillad arferol a ddisgrifiais o'r blaen. Cofiaf, er mai haf ydoedd, nad oedd y diwrnod yn hafaidd iawn. Ar ôl te eisteddem o gwmpas y tân, a sylweddolais, wedi i'r ddwy chwaer ddyfod at ei gilydd fel hyn, nad oeddem ni yn bod iddynt, ddim i Modryb Neli, beth bynnag. Siaradent am flynyddoedd eu hieuenctid a'r pethau a ddigwyddasai iddynt hwy y pryd hynny—credaf i'r ddwy fod gyda'i gilydd bron ar hyd yr amser hyd oni phriodasant. Gwn eu bod yn gweini efo'i gilydd yng Nghaeathro, rywle yn ymyl Prysgol, os nad yn y Prysgol ei hun. Pentref rhyw ddwy filltir o Gaernarfon yw Caeathro, a dwy filltir o'r Waunfawr ar yr ochr arall. Y prynhawn hwn sonient lawer am 'fwgan Prysgol'. Yr oedd rhyw ysbryd enwog yn y fan honno pan oeddent hwy yn ifanc, ac yr oeddent wedi ei weld un noson. Wrth sôn amdano y prynhawn yma, sonient amdano fel peth nad oedd amheuaeth am ei fodolaeth o gwbl, fel petaent yn siarad am aelod o'r teulu. Weithiau, deuent i fyd y presennol, a chofiaf i'm nain wneud sylw fel hyn, 'Meddwl am Owen bach y bydda i pan a'i i'r capel.' (Fy nhaid oedd Owen bach.) A meddai modryb Neli mor galed â'r callestr, 'Duw, Duw, beth sydd arnat ti eisio meddwl am beth felly.' Credaf mai pwnc oedd y 'peth', ac nid fy nhaid. Aeth nain i ddanfon ei chwaer gam i fyny'r ffordd ac heibio i'r capel. Wedi cyrraedd y ffordd wastad, ebe'r hen fodryb, 'Dyna chdi rŵan, Cadi, dos yn d'ôl er mwyn i mi gael rhedeg.'! ! A ffwrdd â hi yn ei dwy glocsen, mor chwim â phioden.

Yr oedd mor onest â'r dydd. O hynny a welais ohoni, ni chredaf y gwyddai beth oedd twyll a rhagrith, na chymryd arni ddim byd pan deimlai fel arall. Credaf fod hynny yn fwy nodweddiadol o'r oes honno. Yr ydym ni yn yr oes yma yn neisiach, ac mae arnom fwy o ofn dweud ein meddwl, felly rhoddwn len rhyngom ni a phobl eraill. Efallai ei fod yn fwy cysurus gwneud peth felly mewn cwmni, ond y mae'n hollol anonest. Cofiaf glywed fy mam yn dweud unwaith ei bod yn cerdded o Rosgadfan i'r Waunfawr, a gweled yr hen fodryb Neli ar y ffordd. Yr oedd hi newydd golli ei merch, Jane, y pryd hynny. Buasai'n byw efo'r ferch hon cyn ei marw, h.y. cyn marw'r ferch. Nid oedd gan Jane blant, yr oedd ganddi dŷ glân a châi'r enw o fod yn ddynes flin. 'Mi gawsoch chitha brofedigaeth fawr wrth golli Jane yn'do?' meddai mam. 'Do,' meddai'r hen wraig yn araf a phwyllog, 'do, ond cofiwch, hen gythral oedd Siani.' Ni wn i am neb heddiw a allai fod mor onest â dweud y gwir am ei merch ei hun.

Yn aml iawn mae hen bobl wedi mynd o'r byd hwn ymhell cyn marw. Felly fy hen fodryb. Yr oedd y gorffennol yn sefydlog a disymud, ac wedi ei argraffu mor ddwfn ar y cof, fel y deuai i fyny unrhyw adeg. Ni ddeuthum i i gysylltiad agos â'r hen wraig o gwbl. Y prynhawn a ddisgrifiais oedd yr amser hwyaf a gefais yn ei chwmni am wn i. Clywed amdani a wnawn o hyd. Cofiaf y tro olaf y gwelais hi yn dda iawn. Mae'r tro hwnnw yn fyw iawn ar fy nghof i, beth bynnag. Gwyliau Pasg 1917 oedd hi. Dydd Mercher cyn Gwener y Groglith, daethai'r newydd i mi yn Ystalyfera, fod fy mrawd ieuengaf yn ddifrifol wael yn Salonica. Clwyfasid ef yn drwm iawn ym mis Chwefror, ac er treio pob dim, methwyd gwella ei glwyfau heb dorri ei goes i ffwrdd. Dyna oedd y newydd a dderbyniais gan y nyrs y diwrnod cyn i'r ysgol dorri am y gwyliau, a'r newydd y bu'n rhaid imi ei dorri i'm rhieni wedi cyrraedd gartref. Rhywdro yn ystod y gwyliau, awn i lawr i'r Waunfawr i dŷ fy modryb, yn ddigon trwm fy nghalon. Dylwn egluro fod Alltgoed Mawr hanner y ffordd o'm cartref i'r Waunfawr. Dylwn egluro hefyd mai allt ofnadwy yw'r allt. Nid âi ceir i lawr hyd-ddi y pryd hynny, beth bynnag. Ar ei gwaelod mae tro ar groes-gongl a gwal ddigon isel hefyd ar y tro. Yr ochr arall i'r wal rhed y tir i lawr ar rediad syth at Afon Wyrfai. Tir fferm y Cyrnant yw'r tir hwn.

Y diwrnod dan sylw, deuwn i lawr yr allt, a gwelwn goes yn dyfod dros y wal, yna biser a dŵr ynddo, yna goes arall. Modryb Neli ydoedd wedi bod yn nôl un o'r pisereidiau dŵr hynny nad oedd dim o'u heisiau. Yr oedd hi yn byw erbyn hyn yn y Regal, ei hen gartref, gyda'i mab a'i merch-yng-nghyfraith. Yr oedd y tŷ ar waelod yr allt ar y llaw chwith i mi. Stopiodd a gadael y piser ar lawr, ac ar y foment âi rhyw ddyn heibio, a gofynnodd rywbeth i mi. Atebais innau ef. Pan ddeuthum ati, gwelwn ar unwaith na chawn fyned heibio heb iddi gael gair efo mi, er y gwyddwn ar y gorau nad adwaenai fi. I dorri'r garw, meddai hi, 'Pwy oedd y dyn yna?' ''Dwn i yn y byd,' meddwn innau, 'rhyw ddyn diarth oedd o.' 'O,' meddai hithau, ac edrych ym myw fy llygad, a meddwl, debygwn i, beth a gâi hi ei ofyn nesaf. Mae'n sicr fod cyfarfod â rhywun ar y ffordd yn ddigwyddiad mawr yn ei bywyd, ac nid oedd am fy ngollwng. Daliai i edrych arnaf fel ci ffyddlon ar ei feistr. 'Wyddoch chi ar y ddaear pwy ydw i,' meddwn i. 'Na wn,' meddai hi, mor eiddgar â phetai hi'n mynd i glywed stori antur. 'Merch Owen Bryn Ffynnon,' meddwn i. Nid anghofiaf fyth y mynegiant ar ei hwyneb. Petai hi wedi codi canpunt ar y ffordd, nid edrychasai'n fwy balch-gynhyrfus. Yr oedd fy nhad yn dipyn o ffefryn gyda'i deulu, a golygai 'Owen Bryn Ffynnon' rywbeth i'r hen wraig. Dyma hi'n rhoi ei llaw ar fy ysgwydd, ac yn wir tybiais na chawn symud. Yr oedd hi mor falch o'm gweld fel y daliai i afael ynof. Ond toc, dyma hi'n dweud, ' Rhoswch chi, ngenath i, oes 'na ddim brawd i chi wedi brifo'n o arw yn yr hen ryfal yna?' Bron na allech weld y peth yn dyfod i fyny o ddyfnderoedd ei chof o rywle. Yr oedd hi wedi gallu cofio hynny, beth bynnag, er ei bod rhwng 92 a 93 mlwydd oed. Byth nid anghofiaf ei hanwyldeb. Fy mrawd heb gyrraedd ei 19, hithau yn 92, y fath agendor rhyngddynt mewn oed. Y fo filoedd o filltiroedd o'i gartref, ac heb allu symud. Y hi yn niwedd ei hoes ar ochr hen fynydd unig, wedi gorffen ei bywyd i bob pwrpas, yn dal i gario dŵr o ran arferiad, ei chof wedi mynd, ac eto o waelod yr ango' mawr hwnnw, yn medru codi un ffaith i fyny a ddeuai â hi i gysylltiad â'r presennol agos, nad oedd yn ddim iddi. Yr oedd y peth yn ddigon i wneud i rywun orwedd ar ei wyneb ar y ddaear a griddfan ei ing i'w mynwes. Yr oedd hi wrth ei bodd ei bod wedi cael gafael ar rywun i gael sgwrs, ac yn fwy wrth ei bodd wrth fy mod yn un o'r teulu. Sylwais wrth siarad â hi mor debyg yr oedd fy nhad iddi. Yr un llygad yn union. Bu farw yn 1919, rhwng 94 a 95 mlwydd oed. Cofiaf fod fy nhad mewn byd garw, ofn na châi ddyfod adref o Lerpwl i'w chladdu. Ond fe gafodd. Mor dynn yw'r llinynnau sy'n dal llawer teulu wrth ei gilydd.

Mae arnaf awydd sôn am un chwaer i mam, nid am fy mod yn gybyddus iawn â hi, ond am fy mod yn credu petai hi wedi cael addysg, y byddai wedi gwneud cryn dipyn o'i hôl ar y cylch y bu'n byw ynddo, beth bynnag. Hi, Margiad, oedd y chwaer a enillodd yn ysgol Sul y Capel Bach, Rhostryfan, ar adrodd Llyfr Jona ar ei chof. Pan gofiaf hi gyntaf yr oedd yn byw yn y Tŷ Rhodd, y Waunfawr; a bûm yno yn aros efo hi am wythnos pan oeddwn yn chwech oed. Ymhen ychydig ar ôl hynny aeth i fyw i Dŷ'n Gadlas, Dinorwig, ac yno y bu hi a'i gŵr weddill eu hoes. Cyfnither iddi a oedd yn byw yn Nhŷ'n Gadlas o'i blaen.

Ag eithrio un brofedigaeth fawr yn ei hieuenctid, bywyd tawel iawn a gafodd. Yr oedd wedi rhoi gorau i'w lle ym Manceinion a dyfod adref i briodi, ond bu ei darpar ŵr farw yn sydyn. Yn ddiweddarach, priododd a mab y Tŷ Rhodd, Griffith Williams, a fagesid yn y tyddyn bach hwnnw gyda'i nain. ac a gafodd holl ddodrefn ei nain, cwpwrdd deuddarn, dresel, ac ati, ar ôl iddi farw. Ni chawsant erioed blant, ond magasant ferch i chwaer arall a fu farw yn ddynes weddol ifanc, y bu ei gweddw farw ymhen blwyddyn ar ei hôl. Gwnaeth lawer o waith cyhoeddus yn ei chylch ei hun yn ardal Dinorwig. Yr oedd yn aelod o fwrdd llywodraethwyr yr ysgol a phethau felly, ac un o'r pethau diwethaf a wnaeth yn gyhoeddus oedd eilio diolch i'r Dr W J Gruffydd mewn rhyw ddathliad yn Neiniolen yn niwedd 1945, a hithau yn 87 oed. Cofiaf hi yn holi'r plant mewn cymanfa yn Llanberis yn 1914, ac yn gwneud hynny yn ddeheuig iawn. Byddai wrth ei bodd gyda rhyw arwerthiant gwaith tua'r capel, a mawr fyddai ei ffwdan. Yn wir, byddai ei ffwdan gyda'r pethau hyn yn destun difyrrwch i mam, a wnâi ei holl waith cyhoeddus yn ei thŷ, fel y dywedais. Yr oedd gan fy modryb ddosbarth o blant yn yr ysgol Sul hyd ddiwedd ei hoes, a rhoddai de parti iddynt yn ei thŷ bob blwyddyn.

Am wn i na buaswn yn sôn amdani oblegid y pethau uchod, nid oes fawr yn eithriadol ynddynt. Soniaf amdani am fod ganddi ddawn ysgrifennu llythyr. Deuthum ar draws amryw o'i llythyrau i mam, wedi i mam farw. Cofier ei bod dros ei phedwar ugain pan ysgrifennai rai o'r rhai hyn. Byddwn yn dotio at ei dawn a'i synnwyr digrifwch. 'Gobeithio,' meddai hi yn un llythyr, 'dy fod chdi wedi cyrraedd gartra'n saff, heb i neb ypsetio dy datws di.' Y stori y tu ôl i'r dywediad yna oedd fod mam wedi cael cydaid o datws ganddi y tro cyn y tro y cyfeiriai ato yn ei llythyr, ac wedi ei roi ar lawr y bws, a bod rhyw fachgen trwsgl wedi dyfod heibio a rhoi cic i'r bag, nes oedd y tatws yn sgrialu dros y bws. Y gwaethaf oedd na ddarfu i'r bachgen gynnig hel y tatws nac ymddiheuro, ac am hynny mi gafodd ei chlywed hi'n iawn gan mam.

Aeth mam i Dŷ'n Gadlas wedyn a chael cydaid o datws, a llythyr ar ôl iddi fod yr ail dro oedd y llythyr hwn.

Ond at lythyr arall y dymunwn gyfeirio, y llythyr olaf a gefais ganddi, a hynny ddydd Calan 1946, yn dymuno Blwyddyn Newydd Dda i'm priod a minnau. Ychydig a feddyliai hi na minnau y dydd y derbyniais ef mai dyna fyddai'r wythnos galan dduaf yn fy hanes i. Anfonaswn lun o mam iddi erbyn y Nadolig, ac ateb i hwnnw oedd y llythyr. Rhof ef yma fel yr ysgrifennodd hi ef. Nid oes ddyddiad wrtho, ond gwn yn iawn mai dydd Calan 1946 y derbyniais ef:

Tyngadlas,
Dinorwig,
Dydd Llun.

Anwyl Kate,

Diolch yn fawr i chwi am lun Catrin, ar llythyr. Mae hi yn edrych yn dda yn ei barclod gwyn at ei thraed, daeth hiraeth ar fy nghalon am dani.

Dyma y diwrnod cyntaf i mi fod fy hunnan ers 6 wythnos, bum yn bur sal Dr. yma bob dydd am 7 diwrnod; i wneyd pethau yn waeth mi ges *neuritis* yn fy mhen. Yr wyf yn methu sgwenu, yn crynu fel ciw mewn dwrn.—Bu Eliza yma dros y Nadolig dod a mund yn ol mewn private motor yn sal yn ei gwely yr holl amser.

Mae hi yn bur wael beth bynnag.— Rhaid rhoi gore gan ddymuno i chwi'ch dau Flwyddyn Newydd da ym mhob ystyr. A cofion gorau attoch, hyn yn fyr a bler iawn.

Oddi wrth eich
Modryb Margiad.

Tro cyntaf i mi drio ysgrifennu ers amser maith.

Nid yw hwn yna yn llythyr sâl gan ddynes yn tynnu am ei 88 mlwydd oed ac wedi bod yn sâl. Bu farw cyn cyrraedd ei phen blwydd. Yr wyf yn hoffi ei disgrifiad o'r 'barclod gwyn at ei thraed'. Ond y peth a hoffaf ynddo yw'r gymhariaeth, 'Yn crynu fel cyw mewn dwrn.' Swnia fel dywediad yn perthyn i ardal, ond nis clywais erioed. Os hi ei hun a'i lluniodd, mae'n un o'r cymariaethau gorau a glywais erioed.

Ag eithrio'r perthnasau a oedd yn byw yn Rhosgadfan a Rhostryfan byddwn i yn mynd yn amlach i dŷ fy modryb Lusa i'r Waunfawr nag i dŷ neb arall o'm perthnasau, am y rheswm ei bod yn byw yn nes na'r rhai eraill a oedd y tu allan i'n hardal ni, a hefyd am fy mod gymaint ffrindiau â'i merch, Katie. Y tro cyntaf imi weld fy nghyfnither oedd pan oedd hi yn wythnos oed a minnau'n chwech. Y fi ar fy ffordd i Dŷ Rhodd, yntau yn y Waunfawr, i aros wythnos gyda'm modryb Margiad. Cefais ddal y babi am eiliad yn fy mreichiau. Yr oedd fy modryb Lusa a'i gŵr yn byw mewn fferm o'r enw 'Rala, y gŵr yn gweithio yn chwarel Llanberis, yn aros yn y barics ac yn dyfod adref ddwywaith yn yr wythnos. Credwn nad oedd le difyrrach mewn bod na 'Rala. Ni chyffyrddai â'r ffordd yn unman, dim ond llwybrau i fyned ati. Yr oedd digon o amser i bob dim yno, ni frysiai fy modryb byth. Pan gyrhaeddech (heb hysbysu eich bod yn dyfod) fe gaech weithiau y drws yn agored, a phob man yn ddistaw, y tân wedi mynd yn reit isel yn y grât. Gweiddi 'Hoi' dros bob man; a thoc fe ddeuai fy modryb o rywle, a phowlen yn ei llaw a'i llond o fwyar duon, a golwg fodlon braf arni. 'Mae hi'n braf hyd y caeau yna,' meddai, ac yn wir, yr oedd awel iach y caeau yn fwy peth iddi hi na'r mwyar duon. Wedyn, rhuthro i'r tŷ, ebychu wrth ben y tân marwaidd, a dechrau hwylio bwyd. Byddech yn lwcus os caech damaid o dan awr, oblegid byddai fy modryb yn sefyll bob hyn a hyn i gael sgwrs, a newyddion, a chwerthin yn braf. Ni ddysgasom ni erioed y wers o gadw'r newyddion tan y diwedd, er mwyn inni gael te yn gynt. Ond byddai mam yn fwy plaen ei thafod. Os hi fyddai ar ymweliad â 'Rala, byddai hi wedi dweud gryn hanner dwsin o weithiau, 'Brysia, wir, Beti, 'rydw i dest â llwgu wedi cerddad dros y mynydd yna.' Ond pan ddeuai'r te o'r diwedd, byddai'n werth chweil. Torth fawr gan fy modryb ar y bwrdd mawr wrth y ffenestr, a llond dysgl o fenyn caled, nobl, twca mawr, y dorth ar ei brest, a hithau'n gyrru'r twca ar hyd y dorth ag un symudiad ysgubol i gyfeiriad ei hysgwydd, nid rhyw hic-hacio fel a welwn yn awr. Byddai ganddi fara brith bob amser, gan y byddai'n crasu peth i'm hewythr fyned gydag ef i farics y chwarel. A lot o sgrams eraill a gaem, a siarad a chwerthin. Wedyn, byddai'n bryd dechrau swnian am gychwyn adref. O, na, yr oedd yn ddigon buan, 'Mi ddown ni i'ch danfon chi ar ôl godro,' meddai fy modryb a'm cyfnither. Wel, 'd oedd dim i'w wneud ond aros, a cheisio gweithredu amynedd. Erbyn cael swper, byddai wedi deg, ac eisiau croesi'r mynydd. Mynd wedyn, heb arwydd brys ar neb, a stopio bob hyn a hyn i roddi pwyslais ar sgwrs. Cofiaf un tro i'm cyfnither yn unig ddyfod i'm danfon, ar noson olau leuad ym mis Medi. Wedi cyrraedd canol yr allt yn Alltgoed Mawr, eisteddasom ar ymyl y dorlan, yr oedd hi sbel wedi deg. Daeth rhyw chwarelwr heibio efo'i gi, 'Noson braf, genod,' meddai, a dyna'r cwbl. Dechreuasom ninnau chwerthin, nes bron fynd i sterics o chwerthin am ddim, ond bod y dyn wedi dweud y gair 'braf' mewn rhyw dôn ryfedd, a'i ymestyn rywbeth tebyg i hyn, 'br-a-a-a-f'. Yr oedd gennyf fi waith hanner awr o gerdded wedyn ar hyd y Lôn Wen unig, a byddai'n rhaid i Katie fynd drwy bant tywyll y Cyrnant a'i goed cyn cyrraedd y lôn bost. Ond yr oeddem yn ifanc, ac yr oedd golygfeydd godidog o'n cwmpas ymhobman.

Cofiaf aros dros nos unwaith yn y 'Rala, fel y gwnawn yn aml, a'r bore hwn, siarsiodd Katie fi nad oeddwn i godi yn rhy fore, ac y deuai hi i alw arnaf. Gwyddwn fod gan fy modryb waith mawr tua'r beudai, ond ni ddeallwn y pwyslais ar aros yn hir yn fy ngwely. Disgwyl a disgwyl am oriau debygwn i. O'r diwedd, blino a chodi. Yr oedd pob man yn ddistaw pan ddisgynnwn i lawr y grisiau. Agorais ddrws y gegin yn araf, ac er fy mawr syndod yr oedd dyn yn eistedd yn y gadair wrth y tân, mewn hen ddillad reit flêr, a'i law dan ei ben yn edrych i'r tân. Ochr ei ben oedd ataf fi, ac oddi wrth ei osgo yr oedd golwg ddigalon arno. Sefais yn stond, yn methu gwybod beth i'w wneud, gan y gwyddwn nad oedd dyn i fod o gwmpas y tŷ, yr oedd fy ewythr yn ddigon pell yn y chwarel. Sefais felly yn y lobi am funudau. Toc, dyma'r dyn yn dechrau gwegian dros ei holl gorff fel petai'n crïo, ond canfûm mewn eiliad mai chwerthin yr oedd, a'r pryd hwnnw y gwawriodd arnaf mai fy modryb oedd y dyn, wedi gwisgo hen ddillad i'm hewythr. Yr oedd yna gynllwyn rhwng y ddwy i'm dychryn i ar yr awr fore honno o'r dydd. Fel yna, er y gweithio caled yn y 'Rala, yr oedd amser hefyd i chwarae drama ar ganol gwaith. Cafodd y tri flynyddoedd fel yna o fywyd didramgwydd a diffwdan. Ond daeth terfyn arno yn hollol sydyn. Cafodd fy ewythr, a oedd yn ddyn mawr, cryf, iach,

ddamwain fechan i'w arddwrn. Troes yn salwch blin.
Cafodd Katie y clefyd cwsg, a hithau'n athrawes yn
Lerpwl. Hithau'n eneth fawr, gref. Bu'r ddau farw o fewn
tri mis i'w gilydd yn haf 1926, Katie yn 29 a'i thad yn 58.
Gwerthwyd y 'Rala, ac aeth fy modryb i fyw i dŷ yng
nghanol rhes ar fin y ffordd. Priodais innau yn o fuan
wedyn, ac nid ymwelwn â'r Gogledd cyn amled, a dim
ond weithiau y gwelwn fy modryb. Yr oedd yr hen hoen
wedi mynd, er iddi fyw dros ugain mlynedd wedyn. Am
wn i mai dim ond mewn un peth yr oedd fy nghyfnither
a minnau'n debyg, a hynny oedd yn ein cariad at ein bro
enedigol, ond yr oeddem yn gyfeillion o dan y cwbl.
Geneth nobl, drymp oedd hi, ac nid oedd bywyd tref yn
gydnaws iddi o gwbl.

Temtir fi i sgrifennu am berthynas arall imi, oherwydd
iddo gael antur neilltuol yn ei fywyd digyffro, hen
lancyddol. Yn ei ddyddiau olaf y cofiaf fi ef pan oedd yn
byw ym Methel, Sir Gaernarfon, ar ei ben ei hun, neu
mewn llety. Richard Jones oedd ei enw, ac ni chofiaf pa
un ai cefnder i taid Pantcelyn ai cefnder i mam ydoedd.
Yr oedd yn hynod debyg i'm taid ond ei fod o bryd tywyll.
Collodd ei fam pan oedd yn fachgen, ac ailbriododd ei dad
pan oedd ef yn bymtheg oed. Aeth yntau i ffwrdd i
weithio. i un o chwareli Ffestiniog. Ond ni bu yno yn hir.
Aeth i'r Taleithiau Unedig. Oherwydd ei fynych
grwydriadau, galwai mam a'i chwiorydd ef yn 'Dic Trên'.
Digwyddai fod yno adeg rhyfel y De a'r Gogledd. Fe'i
presiwyd ef ac un arall i'r fyddin. Wrth fyned â'r ddau i
ba le bynnag yr oeddent i fod i fynd, trodd y swyddog
gyda hwynt i westy ar y ffordd i gael bwyd. Aeth Richard
Jones i'r cefn. Gwelodd wal uchel yn y fan honno.
Dringodd hi ac i lawr yr ochr arall, a ffwrdd â fo nerth

traed ar draws milltiroedd o wlad ddigon anial. Cyrhaeddodd goedwig yn y diwedd, heb fod ymhell o'r môr. Rhywsut daeth i gysylltiad â physgotwr a'i wraig a oedd yn byw wrth y môr mewn lle unig. Byddent hwy yn myned â bwyd iddo i'r goedwig bob dydd. Ni wn am faint y parhaodd hyn, ond y diwedd fu i'r pysgotwr lwyddo i gael rhywun neu iddo ef ei hun fyned â Richard Jones mewn cwch neu long fechan i gyfarfod â llong a oedd ar y ffordd i Brydain, ac felly y llwyddodd i ddianc o'r Unol Daleithiau. Dyna'r stori a glywais gan fy mam. Ni wn beth y bu'n ei wneud ar ôl cyrraedd Prydain. Ond gwerthu tê yr oedd, yn hen ŵr, pan gofiaf fi ef. Yr oedd yn hynod ddestlus yn ei wisg, ac yn bur ail i'w le yn ei ymarweddiad.

Clywais mam yn sôn am lawer eraill o'i theulu, a oedd yn byw yn ymyl, ond nid yw'r ffeithiau yn ddigon byw yn fy nghof imi groniclo eu hanes. Yr oedd chwaer nain, nain Isander, yn byw yn y Pant Coch, yn ymyl, ac yno y maged Isander, oherwydd i'w fam farw pan oedd ef yn blentyn ifanc. Byddai ef a brodyr ieuengaf fy mam yn ffrindiau mawr, ac Isander (Lewis Roger y pryd hynny) yn byw a bod yn nhŷ ei fodryb ym Mhantcelyn, ac yn begio sgrams ganddi. A chriw o rai drwg iawn oedd y criw yma. O'u hachos hwy bu'n rhaid i'm nain fyned o flaen 'y sgŵl bôrd', fel y gelwid y bwrdd llywodraethwyr. Wedi cwffio efo'r ysgolfeistr yr oedd Isander a dau o'm hewyrthod. Yng nghanol yr ysgarmes pwy a ddigwyddai fyned heibio yn ei drol efo blawd o stesion y lein bach yn Rhostryfan, ond hen ŵr Pant Coch. Rhedodd rhywun ato i ddweud fod Lewis Roger yn cael ei ladd. Aeth yntau i'r ysgol a rhoddi pen ar y terfysg, ac, yn anuniongyrchol, pen ar addysg y tri hefyd. Yr oedd y Parch Gwynedd

Roberts, gweinidog y Methodistiaid, ar y Sgŵl Bôrd, dyn tipyn yn ddeddfol, a chredaf iddo wneud i nain deimlo ei fod yn beth digon amharchus mynd o flaen y cyfryw lys. Ond fe ddadleuodd hi achos y bechgyn yn bur ddeheuig mi wranta, ac yn gryfach dros Lewis Roger na'i phlant ei hun, gan mai plentyn amddifad ydoedd.

Yr oedd gennyf gefnder, Huw, tipyn hŷn na mi a fagwyd gan fy nhaid a'm nain ym Mryn Ffynnon. Edrychai teulu fy nhad arno fel eu brawd ieuengaf. Gweithiai yn y chwarel, a phan oedd oddeutu deunaw oed dechreuodd gwyno gan boen yn ei ochr. Ni allai'r meddyg weld bod dim o'i le arno: bu felly am rai blynyddoedd. Rhywdro tua 1906, pan fu'n rhaid i'm nain roi'r gorau i'w thŷ oherwydd ei golwg, cafodd Huw waith mewn chwarel arall ac aeth i letya at ei ewythr. Cafodd lid yr ysgyfaint yno, ac oherwydd i'r meddyg (un arall erbyn hyn) amau bod rhyw ddrwg arall yn bod, aed ag ef i'r ysbyty, a darganfuwyd yno beth oedd achos y boen a'i blinasai ers blynyddoedd. Wedi'r salwch hwn—yr oedd tuag un ar hugain oed ar y pryd—nid aeth i'r chwarel byth mwy, datblygodd y drwg yn ddarfodedigaeth a bu'n nychu am bum mlynedd. Daeth yn ôl i Rosgadfan i aros gyda'm brawd. Nid oedd ysbytai diciâu yng Nghymru y pryd hynny, a bu am gyfnod mewn ysbyty felly yn Folkestone. Daeth dipyn yn well yno a dychwelodd at fy mrawd, ond mynnai gael cysgu allan mewn cwt pren pwrpasol.

Yn ystod yr amser yma dechreuodd gymryd diddordeb mewn llenyddiaeth, dysgodd y cynganeddion, a dechreuodd farddoni yn y mesurau rhydd. Darllenai lawer yn Gymraeg a Saesneg. Mae ei waith gennyf, a hawdd gweld fod dylanwad Eifion Wyn a Silyn Roberts yn drwm arno. Telynegion serch siwgraidd a meddal yw llawer o'i delynegion, pethau dychymyg amherthnasol ac nid pethau profiad, nid ydynt yn salach na'r telynegion a sgrifennid y pryd hynny gan feirdd yng nghyfnod eu llencyndod. Ond mae ganddo un delyneg sy'n well na'r lleill am ei bod, mi gredaf, yn ffrwyth profiad. 'Gweled' yw ei thestun a sôn amdano'i hun yn edrych drwy'r ffenestr y mae, ac yn gweled storm hydref yn gyrru'r dail ar encil, a chymhara ef ei hun i'r ddeilen yn mynd ar encil. A dyma'r pennill olaf:

'Ond deuthum yn ôl,
  Ces dymestl flin;
Gwn innau rywbeth
  Am decach hin.
Ar droeon y daith
  Caf edrych yn hy,
A gweled y cyfan
  O ffenestr y Tŷ.'

I mi, mae mwy o'r llenor ynddo yn ei lythyrau a sgrifennai inni o Folkestone, megis yn yr un lle y dywedai ei fod yn yr ysbyty yn clywed sŵn traed mam yn clocsio hyd gowrt Cae'r Gors. Yr oedd ganddo synnwyr digrifwch cynnil. Wedi iddo ddychwelyd o Folkestone i dŷ fy mrawd, deuai i'n tŷ ni bob dydd bron i gael te a swper chwarel, a byddai nhad yn mynd i'w ddanfon adref tuag wyth o'r gloch. Ambell ddiwrnod byddai'n ddigalon iawn, a pha ryfedd, a cheisiai mam wneud popeth i godi ei galon. Ar un o'r dyddiau tywyll hynny, dywedodd wrth Huw, er mwyn codi ei galon, ei bod am gymryd arni mynd o'i cho a rhedeg fel peth gwyllt o gwmpas y caeau a oedd tu cefn i'r tŷ. Yr oedd y caeau hyn yn wynebu'r capel, y siop a'r rhes tai a oedd yn ganolfan i'r pentref, ac yng ngolwg pwy bynnag a safai yn y fan honno. Felly, ni byddai'n waeth i mam wneud ei champau lloerig ar Faes Caernarfon mwy nag ar y caeau hynny ddim, gan mor gyhoeddus oeddynt. Gwenodd Huw'n ddifrifol gynnil, a meddai, 'Beth fasa Evan Griffith y Siop yn i ddeud?' Un o berchenogion y siop oedd Evan Griffith, a blaenor yn ein capel ni. Mam a chwarddodd fwyaf, oherwydd i Huw weled golwg ddigrifach i'r peth nag a welsai hi.

Wrth feddwl am salwch Huw, byddaf yn meddwl peth mor ddianghenraid oedd ei farw cynnar. Heddiw, fe ddarganfuasid y drwg yn fuan iawn, a gallesid ei wella. Teimlais chwithdod mawr o'i golli. Byddem yn ysgrifennu cryn dipyn at ein gilydd, a minnau mae'n debyg yn sôn am y cwrs Cymraeg yn y coleg. Pan awn i'w weld yn y gwyliau, byddai wrth ei fodd yn sgwrsio am y pethau a astudiwn. Dangosai mynegiant ei lygaid i mi y dylai yntau gael yr un manteision. Gwn y gwnaethai lawn cystal defnydd ohonynt â minnau.

11

HEN GYMERIAD

Rhaid imi roi pennod gyfan, fer i un cymeriad: ni allaf
ei haddasu i unman arall. Ond nid ymddiheuraf am sôn
am y cymeriad yma, oblegid mae fy nghof am ei hanes a'i
chysylltiad â'n tŷ ni yn un o'r pethau cliriaf yn fy mywyd
ac yn dangos rhyw reddf a oedd ynof er pan oeddwn
blentyn i fwynhau storïau, heb fod ynddynt ddim byd
anturus. Storïau antur sy'n apelio fwyaf at blant. Apeliant
ataf finnau, ond wrth edrych yn ôl, cofiaf am y pleser a
gefais oddi wrth y storïau tawel di-stŵr yn ogystal.

Mary Williams oedd enw'r hen wraig y cyfeiriaf ati,
eithr Mari Lewis y gelwid hi gan bawb bron, gan mai
Lewis Williams oedd enw ei gŵr. Nid oedd yn hen
ychwaith, eithr yr oedd golwg hen arni, gan i'w gwallt
wynnu yn gynnar, a cherddai hithau dipyn yn ei chwman.
Nid wyf yn sicr pa un ai 68 ai 58 oedd pan fu farw; eithr
edrychai'n hŷn na'r ddau oed. Daeth i fyw i Rosgadfan
o'r Waunfawr cyn imi gofio. Yr oedd gyda ni yn mudo o
Fryn Gwyrfai, y tŷ lle y ganed fi, i Gae'r Gors, tyddyn lle
y buom yn byw am chwe blynedd ar hugain. O hynny
hyd ei salwch olaf, byddai Mary Williams yn dyfod i lawr
i Gae'r Gors lawer gwaith mewn wythnos, weithiau bob
dydd ag eithrio'r Sul.

Yn yr Alltgoed Mawr yr oedd ei hen gartref, yr oedd
yn ferch i Hugh Jones, Pen 'Rallt, blaenor gyda'r
Methodistiaid yn y Waunfawr, ac un o'r rhai a sefydlodd
yr achos bychan yn Alltgoed Mawr. Ceir cofnodiad o hyn
yn 'Hanes Methodistiaeth Arfon' gan y Parch William

Hobley. Mae nifer o blasau yn yr ardaloedd hyn, un ohonynt yw Plas Glyn Afon, a Saeson a oedd yn byw yno pan oedd Mary Williams yn blentyn neu'n ferch ifanc. Yno yr aeth hi i weini, ac oherwydd hynny yr oedd yn medru ychydig Saesneg, peth anghyffredin yn yr amser hwnnw. Y mae fferm ger Plas Glyn Afon o'r enw 'Y Cyrnant', fferm go fawr, ac yno y daeth Lewis Williams, o gyffiniau Llanrwst, yn was. Yn ôl pob dim a glywais, yr oedd ef yn ddyn golygus, deniadol yr olwg, a hudolus ei barabl. Yn ôl yr hyn a glywais hefyd, nid oedd Mary Williams yn olygus, ond gwisgai'n grand. Yn wir, llawer iawn a glywsom ni am ei dillad ganddi hi ei hun. Yr oedd ganddi siwt liw hufen unwaith, a het i gyd-fynd â hi, a phluen estrys hanner piws a hanner melyn ar yr het. Dywedodd wrthym i bobl capel y Waun stopio canu i edrych arni pan gerddodd i mewn i'r capel yn y siwt hon. Modd bynnag, syrthiodd hi a Lewsyn (fel y galwai hi ef) mewn cariad a phriodasant. Ganed iddynt un bachgen, Huw, a fu farw yn bedair oed. Dywedai fod Huw bach yn rhy hen ffasiwn i fyw, gan mor henaidd ei gwestiynau a'i arferion. Un peth a wnâi o hyd, fyddai gorwedd ar yr ardd a mesur ei fedd ei hun.

Daeth gwaeth trallodion iddi na cholli ei phlentyn. Âi ei gŵr ar ei sbri weithiau, nid yn aml, oblegid gan ba was ffarm yr oedd arian i fynd ar ei sbri y pryd hynny? Adeg pen-tymor efallai. Un tro, ar un o'r sbrïau hyn, fe droes Lewis Williams i un o'r ffermydd yn agos i'r Cyrnant, a chymryd wats oddi yno. Actio tipyn o'r ffŵl a wnaeth yn ei ddiod. Heddiw, mae'n debyg y daethai'n rhydd gyda cherydd. Eithr fe'i hanfonwyd i garchar. Byddai Mary Williams yn dweud hanes y praw wrthym, yr oedd hi yno, ac yn dal yn bur dda, hyd oni welodd ei ben yn diflannu o'r golwg pan âi i lawr y grisiau o'r llys i'r gell. Cafodd hi wasgfa y pryd hynny. Yr oedd ei rhieni wedi marw erbyn hyn, ac anfonwyd hi i'r tloty tra fyddai ei gŵr yn y carchar. Pan ddeuai at y rhan hon o'r hanes, byddem ni blant yn drist, oblegid wyrcws oedd wyrcws y pryd hwnnw. Gwaith caled a bwyd sâl. Fel y gŵyr rhai ohonoch, rhedai trên Llanberis heibio i dloty Caernarfon. Bob bore byddai'n gwylio'r trên ac yn disgwyl amdano am fod y gyrrwr wedi dechrau codi ei law arni. Dyma ei hunig gysylltiad â'r byd tu allan, a daeth i edrych ymlaen ato o ddydd i ddydd fel peth pwysig yn ei bywyd.

Ni allaf ddweud a aeth Mary Williams a'i gŵr i fyw at ei gilydd wedi iddo ef ddyfod allan o'r carchar. Ni chredaf hynny, ac ni wn ym mha le yr oeddynt yn byw ychwaith ar ôl priodi. Rhywle yn ardal y Waunfawr, mae'n siŵr. Modd bynnag, 'cilio bant' i'w ardal enedigol a wnaeth ef, o gywilydd mae'n debyg, a daeth hithau i fyw i Rosgadfan, i dŷ bychan, y canol o dri thŷ a elwid yn Dan-y-Gaer, y tai uchaf yn y pentref, a'r nesaf i chwarel Cors y Bryniau. Fel y dywedais, deuai i lawr i'n tŷ ni i helpu dipyn ar mam, ond ni welais mohoni erioed yn gwneud gwaith trwm. Ni allai, oherwydd iddi fynd yn hen cyn ei hamser. Ond deuai i droi handlen y corddwr, trwsio dillad, golchi llestri ac i wneud gwaith ysgafn. Trefnasid fod ei gŵr i anfon deuddeg swllt bob mis at ei chadw, swm cywilyddus o fychan yr adeg honno hyd yn oed, ond bychan oedd ei gyflog yntau. I'n tŷ ni y deuai'r arian, mewn cas llythyr cofrestredig, gan na byddai gan y postmon lythyr i'w ddanfon cyn uched â'i thŷ hi. Ond o fod yn gyson ar y cychwyn, aeth y llythyrau cofrestredig yn anghyson, ac nid oedd gan Mary Williams ddim i'w wneud ond dibynnu ar ddwy neu dair o'i chymdogesau am help. Cofiaf y byddai mam yn rhoi llawer o bethau iddi, megis cig moch a menyn a thatws. Nid âi i mofyn cymorth plwy, yr oedd y rhan fwyaf o bobl dlodion y pryd hynny yn rhy falch ac yn rhy annibynnol eu hysbryd i ofyn help plwy. Yr oedd plwy a wyrcws yn bethau diurddas. Medrodd mam ei darbwyllo mai trwy swyddog y plwy, 'y lifin offis', fel y gelwid ef, y gellid mynd o gwmpas ei gŵr. Cafodd mam waith mawr i wneud iddi weld nad oedd yn beth amharchus o gwbl i'r swyddog hwnnw fyned ar ôl ei gŵr a gwneud iddo ef dalu'r arian drwy'r plwy. Felly y bu. Ond bu'n rhaid i mam gerdded i lawr i'r Groeslon droeon i weld y swyddog, a thorri drwy galedwch ei groen i gael ganddo weled y sefyllfa. Aeth lawer gwaith wedyn yn ystod y blynyddoedd dilynol, i gael codiad iddi, gan fod ei hiechyd yn gwaethygu. Ers peth amser cyn ei marw câi chweswllt yr wythnos, a mam a gerddasai at y lifin offis i gael yr ychwanegiad bob tro. Ni chofiaf yn iawn a fyddai'n helpu rhywun arall yn yr ardal, ond yn yr haf byddai'n hel grug i'w roi o dan y das i amryw o bobl, a chwecheiniog y baich a gâi amdano, ei dynnu, a'i gario ar ei chefn oddi ar ochr Moel Smatho i'r tyddynnod. Adeg cynhaeaf gwair byddai'n mynd i helpu hen ffrind iddi i ochr Alltgoed Mawr.

Byddai'n cael croeso yng Nghae'r Gors bob amser. Byddai pawb ohonom yn hoffi gweld ei hwyneb yn ymddangos heibio i'r palis. Yr oedd rhywbeth mor glên a hoffus ynddi. Yr oedd yn fonheddig bob amser, ac ni chymerai fantais ar garedigrwydd neb, eithr gweld gwerth ym mhopeth. Credaf mai'r peth mawr a'n tynnai ni blant ati oedd ei dull o adrodd stori. Yn aml iawn, ni byddai fawr ddim yn y stori ei hun, ond byddai rhywbeth yn ei dull o'i dweud yn gwneud i chwi wrando. Os byddai rhywun yn dal ei gefn at y tân i ymdwymo, ac i rywun ei atgoffa o'r hen goel ei fod yn tynnu eira, byddai hi yn sicr o ddweud hanes rhyw stiward a fu yn chwarel Cefn Du, a redodd i'r tŷ o'r chwarel ryw brynhawn oer, a dal ei gefn at y tân i ymdwymo. Pan ddychwelodd i'r chwarel, bu farw'n sydyn, a gorffennai drwy ddweud mai dyna'r diwrnod y daeth y Parch Francis Jones (Abergele wedyn) yn weinidog i'r Waunfawr. Pam y cofiaf y pethau yna? Nid oes llawer o bwysigrwydd ynddynt. Ond yr oedd gwrando arnynt y pryd hynny fel cân y fronfraith yn fy nghlustiau. Yr oedd llyfrau storïau yn brin, ac ni ddiwellid ein hangen am glywed a darllen am bobl, a ninnau'n awyddus i wybod a chlywed. Ni ddylem fod yn rhy goeglyd wrth sôn am ferched sy'n hel straeon neu glecs. Pobl heb eu diwallu ydynt, a'u diddordeb yn eu cyd-ddynion yn fawr. Felly ninnau yn blant, cofiem yr holl fân sôn a fyddai gan Mary Williams am bobl y Waunfawr, ac argraffai ei dull hi o'u hadrodd arnom yn ddwfn.

Ond yr hyn a dynnai ddagrau o'n llygaid fyddai ei chanu o *Yr eneth gadd ei gwrthod*. Deuai acw i'n gwarchod pan fyddai ar mam eisiau mynd i rywle, a bu mam yn mynd bob wythnos am gyfnod i edrych am chwaer iddi a fu'n wael am flynyddoedd. Ni wyddem ar y ddaear am ba beth y soniai'r gân hon, ond dylifai'r dagrau pan ddeuid at y brithyll bach 'a chwaraeai'n llon yn nyfroedd oer yr afon'. Wylo dros y brithyll yn y dŵr oer y byddwn i.

Digwyddodd ychydig drychinebau ar yr achlysuron hyn pan âi mam oddi cartref. Yr oedd gennym gath gloff—ei throed wedi mynd i drap ers blynyddoedd. Er

169

hynny daliai i allu neidio cystal ag erioed. Byddem yn rhoi ein dwylo wrth ei gilydd, estyn ein breichiau allan, a dweud, 'Cym pic', a byddai'r gath yn neidio dros ein breichiau. Y tro hwn neidiodd drostynt ac ar silff y cwpwrdd gwydr, a dymchwel peth a elwid gennym ni yn 'bot fflwar', sef cas gwydr am flodau ffug a dol. Mary Williams a boenai ynghylch y peth ac nid y ni. Ond ni ddywedwyd fawr ddim wedi i mam ddyfod adre. Dro arall, rhoes bwys o gaws rhwng pedwar ohonom i'w fwyta adeg te. Yr oedd mam wedi ei syfrdanu pan ddychwelodd, nid oherwydd gwerth y caws, ond wrth feddwl am ei effaith ar ein cylla, a'n gweld i gyd yn sâl yn y nos. 'Tw,' meddai Mary Williams, 'lles wnelo fo yn'u bolia nhw.' Dro arall yr oeddem i gyd, ac eithrio un, yn ein gwely dan y frech goch pan gychwynnai mam i'r Groeslon. Yr oedd Evan, yr unig un iach, o gwmpas tair neu bedair oed. Meddyliodd yr hen wraig ei fod yntau yn clwyfo am y frech, a rhoes bwnsyn cryf o wisgi iddo. Erbyn i mam ddychwelyd y tro hwn, yr oeddem i gyd yn y gwely, ac Evan yn cysgu'n drwm. Erbyn bore trannoeth, modd bynnag, yr oedd ef fel y gog, ac yn amlwg wedi cael sbri hollol ddialwamdani y diwrnod cynt.

Ychydig grap a oedd gan Mary Williams ar wnïo, ond da oedd cael pob help, a byddai'n helpu efo thrwsio. Ond digon surbwch y byddai fy nhad a'm brodyr wrth fynd i'r chwarel a chlwt ar ffurf gellygen ar ben glin eu trywsus melfaréd. Un tro, rhoes glwt ar le nad oedd ei eisiau yn nhrywsus Evan, ac yntau drannoeth yn rhedeg adref o'r ysgol dan grio a gweiddi, oherwydd yr anghysur corfforol a ddioddefasai oherwydd hynny. Yr oedd yn rhy fychan i ddeall, neu heb feddwl y gallai ddatod ei fresus. Ar ei chyfaddefiad hi ei hun prynasai gôt hogan i Huw ei bachgen unwaith, a Lewsyn a ddangosodd hynny iddi. Ond er gwaethaf ei bwnglera gyda chlytio a phethau felly, nid oedd dim a amharai ar ein hoffter ohoni, yn wir, testun hwyl fyddai'r pethau uchod, wedi iddynt fyned heibio.

Cafodd ryw dri mis o salwch cyn marw, ac onibai am ei dwy gymdoges, ni wn beth a ddaethai ohoni. Yr oedd gorfod aros yn ei thŷ yn boen fawr arni, oblegid i lawr yn y pentref yr hoffai fod, a hynny hyd yn hwyr. Yr oedd nifer o'i chymdogion a'i ffrindiau yn barod i dalu'r gost o'i chladdu, ond pan ddaeth y diwedd nid oedd ganddynt hwy hawl i ymyrryd, gan fod ganddi deulu, er na throesant lawer o'i chwmpas pan oedd yn fyw. Felly bu'n rhaid i'w ffrindiau gilio o'r neilltu er mwyn i'r teulu drefnu ei chladdu. Diwrnod yr angladd, yr oeddwn i gartref o'r ysgol ar ŵyl hanner tymor, Gŵyl Dewi 1908, a dyna lle'r oeddem, mam a ninnau bedwar plentyn wedi ein gwasgu ein hunain i'r ffenestr i weld y cynhebrwng yn myned heibio. Dychmygwch ein teimladau pan welsom hers blwy' yn myned heibio (ni wyddem ddim am hyn ymlaen llaw), a neb yn cerdded y tu ôl iddi, a dim ond y gyrrwr, un perthynas, a'r dyn oedd biau ei thŷ ar ben blaen yr hers. Aethom i gyd i feichio crïo. Claddwyd hi yng Nghaeathro, ym medd 'Huw bach', chwedl hithau. Dywedodd rhywun ddarfod iddo weld Lewsyn yn sefyll wrth glawdd y fynwent y diwrnod cynt. Digon posibl nad gwir y stori, ac mai dychymyg rhywun rhamantus a greodd y math o stori sy'n dangos nad yw cariad byth yn anghofio.

12

AMGYLCHIADAU'R CYFNOD

Yng nghyfnod fy mhlentyndod i a wedi hynny, hyd at y blynyddoedd ar ôl rhyfel 1914-18, byd gwan iawn oedd hi ar y chwareli, yn enwedig chwareli bychain Dyffryn Nantlle. Yn union o flaen fy ngeni buasai cyfnod o arian mawr yn y chwareli, ond yr oedd blynyddoedd cyntaf y ganrif hon yn wahanol iawn. Beiid y llechi tramor a ddeuai o Ffrainc, a'r teils y gellid eu gwerthu'n rhatach na llechi—effaith Masnach Rydd. Y pryd hwnnw, fel yn awr, eid ar ôl y peth rhataf ac nid y gorau, ac fe brofwyd dro ar ôl tro mai'r llechen yw'r peth gorau at doi tŷ. Mae'n debyg y dywedai arbenigwyr y cyfnod fod bai ar y perchenogion a'r stiwardiaid, nad oedd y chwareli yn cael eu gweithio'n iawn, mai polisi golwg byr oedd ganddynt yn mynd ar ôl y faen orau, yn lle cymryd y graig o'i chwr, a bod hynny'n andwyo'r chwarel ar gyfer y dyfodol.

Bob mis y telid y cyflogau y pryd hynny, a byddent o gwmpas £4, £5 a £6 y mis. Weithiau byddent cyn ised â £3 y mis. Anaml iawn yr aent cyn uched â £7 y mis. Petawn i'n dweud ar antur beth oedd cyfartaledd cyflogau chwarelwyr yr ardaloedd hyn rhwng 1900 a 1914, buaswn yn dweud ei fod yn £5 y mis am rai blynyddoedd ac yn £4 y mis yn yr amser gwannaf un. Digon posibl ei fod yn llai na hyn mewn ambell chwarel. Cael pris am y llechi y byddai'r chwarelwyr, ac os byddai'r farchnad yn isel, isaf yn y byd y byddai'r pris, a theflid mwy o gerrig a ffawtiau ynddynt gan y marciwr cerrig.

Nid oeddem ni blant heb wybod am y pryder a achosai hyn i'n teuluoedd, ac yr oedd nos Wener tâl yn noson annifyr iawn. Ond yr oedd cyflwr pob teulu bron yr un fath, felly ni chaem achos i genfigennu wrth blant eraill. Mae R Hughes Williams wedi disgrifio'r cyfnod hwn yn ei storïau, eithr mewn lliw rhy dywyll. Mae ei ddisgrifiad o'r tlodi yn iawn, ond mae llawer o'i gymeriadau ef wedi rhoi'r gorau i ymladd yn ei erbyn. Y peth sy'n rhagorol yn ei storïau ef yw awyrgylch y chwarel, y sgwrsio a'r tlodi hwn yn gefndir i bob sgwrs, ac ymagwedd y chwarelwyr, megis pan ddisgwylient yn eiddgar wrth ddrws y sied am i gorn olaf y dydd ganu. Ni buaswn i'n galw ein cyflwr yn gyflwr o dlodi—i mi golyga gwir dlodi nad ydych yn cael digon o fwyd na chynhesrwydd, a'ch bod yn dioddef cymaint o eisiau fel y bo eich bywyd mewn perygl, stad y gwyddai ein cyndadau amdani yn y bedwaredd ganrif ar bymtheg. Pobl yn ymladd yn erbyn tlodi oedd pobl fy nghyfnod i, yn methu'n glir cael y deupen llinyn ynghyd. Yr oedd dau beth yn help i rai teuluoedd. Yr oedd gan y rhai a oedd yn byw mewn tyddyn rywbeth i ddibynnu arno, caent wyau, llefrith ac ymenyn. Mae'n wir fod y rhent yn uwch na rhent tŷ moel a bod blawdiau anifeiliaid yn ddrud: eto yr oedd manteision. Yr oedd digon o rwdins yn y beudy, prynid hwy yn rhad wrth y llwyth, ac yr oedd digon o datws hefyd.

Peth arall yr oedd siopwyr yn drugarog. Cydnabyddaf mai dull drwg oedd talu i'r chwarelwyr wrth y mis, yn enwedig gan na wyddai neb hyd ganol y mis, sef pen mis 'rhoi cerrig i fyny', beth fyddai ei gyflog. Yr oedd hynny'n demtasiwn i redeg bil yn y siop. Yn aml ni allai teuluoedd glirio eu bil ar ddiwedd mis, ond gan mai dyna'r dull, byddai'n cael coel gan y siopwr. Ond wedi rhannu'r arian rhwng y siopwr bwyd, y cigydd, y dilledydd a'r crydd, ni fyddai lawer ar ôl i ddechrau mis arall. Âi pethau fel hyn ymlaen yn aml hyd oni orffennai pennau teuluoedd fagu plant. Rhaid cofio o'r ochr arall fod rhai teuluoedd yn mynd i fwy o ddlêd nag y dylent, yn mynnu cael pob dim ac yn manteisio ar y siopwyr. Ac efallai yn y diwedd, pan aent o'r ardal, yn gadael cynffon o ddyledion ar eu holau. Er sôn am fantais cadw tyddyn, byddai colledion yn digwydd yno yn aml, megis anifeiliaid yn mynd yn sâl ac yn marw. Rhaid cyfaddef fod llawer o anwybodaeth yn achosi'r colledion yma. Ni cheid manteision cynghori ar ran y Llywodraeth fel yn y dyddiau hyn.

Nid oedd chwarelwyr y cyfnod yn bobl ddigalon o achos y byd gwan. Nid oedd yn bwn ar eu hysgwyddau byth a beunydd. Daliai eu digrifwch yr un fath yn y caban ar awr ginio ac yn eu sgwrsio gyda'r nos. Pobl lawen oeddynt, ac yn aml fe droent y byd gwan yn destun digrifwch. Cofiaf am un teulu mawr wedi cael cryn dipyn o golledion a salwch ac yn methu talu'r rhent. Fe orfododd perchennog eu tyddyn, gweinidog yr Efengyl gyda llaw, iddynt dalu'r rhent drwy iddynt werthu un o'r gwartheg. Yr wythnos wedyn yr oedd cyfres o benillion yn un o bapurau Cymraeg Caernarfon yn gwneud hwyl am ben y perchennog, yn gynnil mae'n wir, ond yn ddigon amlwg i'r neb a wyddai'r amgylchiadau. Dysgwyd y gân gan lanciau'r fro, a buwyd yn ei chanu am amser hir.

Nid arbedid stiward ychwaith, yn enwedig stiwardiaid a allai fod dipyn yn ddihidio. Dyna Robert Williams, Blaen-y-waen, a'i ffraethineb yn gyrhaeddgar. Ar yr adeg pan ddigwyddai llawer o ddamweiniau yng Nghors y

Bryniau, gweithiai Robert Williams yn y twll, a darn bygythiol iawn o graig uwch ei ben. Aeth y stiward i ben y twll a chwibanu arno i ddyfod i fyny oblegid y perygl. Ond ni chymerai'r hen ŵr yr un sylw ohono ef na'i chwibanu. O'r diwedd, gwylltiodd y stiward a chwibanu'n fwy egnïol. Pan ddaeth Robert Williams i'r lan, meddai'r stiward, 'Robert Williams, oeddach chi ddim yn fy nghlywad i'n chwibanu?' 'Oeddwn,' meddai yntau, 'ond wyddwn i ddim fod gynnoch chi leisans i gadw ci.'

A chofiaf am gymeriad arall, mwy diniwed, yn chwarel Cors y Bryniau. Yr oedd siarad John braidd yn wahanol i bawb arall, oherwydd salwch a gawsai pan oedd yn ifanc. Rybelwr ydoedd yn cael clwt gan hwn ac arall. Weithiau byddai'r dynion wedi ei bryfocio gymaint drwy'r dydd fel na byddai gan John lechen i'w dangos ar ei derfyn. Ond byddai pawb o'r pryfocwyr yn torchi llewys ac yn troi ati i'w helpu, fel na byddai ar ôl yn ei gyflog. Un ffordd a oedd ganddynt i'w bryfocio oedd dweud bod rhyw hogan yn y fan-a'r-fan wedi gwirioni amdano, weithiau cyn belled â'r Bontnewydd, ac fe âi John yno 'i'w chynnig', yn ôl dywediad yr ardal. Drannoeth, wrth gwrs, fe ddôi'r pryfocwyr i dynnu arno a gofyn sut hwyl a gawsai, pawb yn mynd i'w holi ar ddiarth ac fesul un, ond yr oedd John yn gallach na hwynt yn hynny o beth. Perchennog y chwarel ar y pryd oedd Mr Menzies, Sais a oedd yn byw yng Nghaernarfon. Yr oedd ei fab, a ddeuai i fyny i'r chwarel yn amlach na'i dad, wedi dysgu tipyn o Gymraeg, ond nid yn berffaith o lawer. Âi i siarad â John yn fynych, ac yn wir, nid oedd Cymraeg y ddau yn wahanol iawn i'w gilydd, am wahanol reswm, wrth gwrs. Un diwrnod aeth Mr

Menzies ati i ddysgu tipyn o foesau da i John, yn wir, heb i chwi ei adnabod, fe swniai atebion sydyn, ffwrbwt yr olaf dipyn yn amharchus. 'Eisio ti galw "Syr" arna i,' meddai Mr Menzies. 'Be fi gwbod Syr enw di,' meddai John.

Mae'n debyg fod â wnelo fy mreuddwydion golau dydd i rywbeth â'r amgylchiadau anodd.

Yr oedd gennyf ferch ddelfrydol yn fy nychymyg, rywle o 21 i 25 oed, a'i hymddangosiad wedi ei osod ar batrwm ymddangosiad merch ifanc, un o ddwy chwaer, a ddeuai o bentref heb fod yn bell i aros at gymdogion i ni. Yr oedd y ddwy ferch ifanc hyn yn hardd, un ohonynt yn hynod felly, ac yr oedd merch ifanc fy nychymyg i yn hollol yr un fath â hon. Yr oedd ganddi arian, digon i allu byw ar ei phen ei hun heb weithio. Yr oedd ganddi dŷ bychan yn y cowrt o flaen ein tŷ ni, a'i do yn isel, rhag iddo, mae'n debyg, guddio'r olygfa hardd a gaem ni drwy'r ffenestr. Yn y tŷ yma, yr oedd y ferch ieuanc yn byw, yn gwneud ei gwaith ei hun, ac yn gwisgo bob amser sgert goch a blows wen. Byddwn yn gwau miloedd o storïau o'i chwmpas (ni chofiaf yr un ohonynt heddiw), ond yr wyf yn cofio wyneb merch ifanc fy nychymyg yn iawn. Mae'n debyg y byddai gan ryw ddadelfennwr meddyliau rywbeth i'w ddweud am bethau fel yna. Byddai gennyf ddychmygion eraill, heb fod lawn mor ddiniwed, na chofiaf mohonynt. Hawdd gweld o ba le y codai'r dychymyg am rywun a chanddi arian (heb ormod, cofier, neu buaswn yn gwneud iddi fyw mewn plas). Y boen o hyd yn ein cartrefi oedd cael y deupen llinyn ynghyd. Nid rhyfedd felly fod y dychymyg yn caru rhywun nad oedd yn rhaid iddi bryderu am fodd i fyw.

Bu amryw o fân streiciau yn y chwareli yn y cyfnod

hwn. Cofiaf un a barhaodd am bum wythnos yng ngwanwyn 1912. Ond credaf mai o achos streic yn y pyllau glo y bu'r streic hon. Ni ddaeth dim un ddimai i mewn o unlle yn ystod y pum wythnos hynny. Ond mynnai mam fod yr ieir wedi dodwy yn well nag erioed yn ystod yr amser yna. Byddai fy nhad a'm brodyr a'r cymdogion yn cario coed o ochr Betws Garmon. Canlyniad naturiol y byd gwan yma oedd fod pobl yn ymfudo o'r ardal. I'r Taleithiau Unedig yr âi llawer, a rhai i Lerpwl i'r gwaith cotwm. I Utica a'r cyffiniau yr âi'r rhai a ymfudai i America, am y rheswm fod yn y fan honno rywrai o Rosgadfan a'r cylch. Ond ni wn pam yr aeth y rhai cyntaf i'r fan honno. Âi rhai Gogleddwyr hefyd i Poultney, ardaloedd y chwareli, gellir yn hawdd ddeall hynny. Dechreuasai'r ymfudo hwn amser maith yn ôl, byd gwan yr adeg honno, mae'n debyg. Cofiaf fy mam yn sôn fel yr aeth llawer iawn o deulu ei thad i'r Taleithiau Unedig, mae dros gan mlynedd er hynny reit siŵr. Hyd yn ddiweddar clywem am rai o'u disgynyddion yno. Aeth llawer iawn o deulu fy nhad yno hefyd ychydig yn ddiweddarach, a chofiaf gyfarfod â phlant un ohonynt adeg Eisteddfod Caernarfon 1906. Cofiaf innau lawer o bobl ieuainc a theuluoedd yn ymfudo yn y blynyddoedd yn union o flaen y rhyfel 1914-18, a pheth trist ydoedd. Digwyddai'r un peth yn Iwerddon tua'r un adeg. Dywed Mrs Mary Colum yn ei hatgofion fel y byddai teuluoedd o gwmpas ei chartref hithau yn Iwerddon yn ymfudo. Yr oedd gallt yn arwain o'r pentref, ac o ben yr allt honno troai'r ymfudwyr eu golygon yn ôl, ac wylo, y rhan fwyaf ohonynt yn gwybod na ddeuent fyth yn ôl i'w hen fro. Galwyd yr allt honno yn 'Allt yr Wylofain'. Yr oedd trefedigaeth mor gref o bobl Rhosgadfan yn Utica ar un adeg fel y rhoesant gloc yn anrheg i'r capel yn Rhosgadfan.

Deuai rhai yn ôl am dro, ond ni ddaeth rhai eraill byth. Gwlad yn llifo o laeth a mêl oedd America i'r rhai na fentrasant ymfudo, yn enwedig pan welid ambell un yn dychwelyd ac yn gwisgo'n o Iancïaidd. Ond nid oeddem mor siŵr wrth siarad â rhai eraill. Wrth ddarllen rhwng y llinellau, casglem mai caled oedd bywyd yno fel yn ein bro ninnau, ond bod gwaith i'w gael a chyflog amdano. Weithiau gyrrai hiraeth rai yn ôl. Cofiaf yn dda am ddyn ifanc o Rostryfan, a ddaeth wedyn i fyw i Rosgadfan, yn ymfudo i ardaloedd chwareli Poultney, ond a ddychwelodd ymhen blwyddyn union am fod hiraeth yn ei ladd, a'r un faint yn union yn ei boced ag a oedd ganddo yn cychwyn. Clywais ef yn adrodd stori dda amdano ei hun ar fwrdd y llong. Yr oedd William Jones yn ddyn tal, glandeg, bob amser yn drwsiadus ei wisg, ac yn lân. Ar fwrdd y llong cymerodd rhyw Sais ddiddordeb mawr ynddo, gellir yn hawdd ddychmygu hynny. Ychydig iawn o Saesneg a oedd ganddo, ac yr oedd ymarfer yr ychydig hwnnw yn dreth drom arno ac yn ei flino. O'r diwedd, pallodd ei amynedd, a dyma fo'n dweud wrth y Sais, 'O dam, why don't you speak Welsh to me.'

Gellid ysgrifennu llyfr ar y rhai a ymfudodd o'm hen gartref i Lerpwl. Yr oedd fy mrawd John, a fu farw yn 1959, yn un ohonynt. Aeth ef i Bootle yn 1912, ac yno y bu weddill ei oes, ag eithrio'r ychydig flynyddoedd yn ystod y rhyfel diwethaf, pan ddaeth yn ôl i'm hen gartref o achos y bomio. Yr oedd ganddo hanesion diddorol am y bobl hyn, a gresyn na roesai hwy ar gof a chadw. Aent ddrib-drab cyn rhyfel 1914-18, ond yn ystod y rhyfel hwnnw dylifasant yno, i Bootle gan mwyaf. Daeth y mwyafrif o'r rhai hynny'n ôl, ond nid y cyfan. Clywais lawer stori ddigri gan fy mrawd. Aeth William Jones y soniais amdano uchod i Bootle, a châi'r un drafferth gyda'i Saesneg yno, gan iddo fod mor anffortunus â chael llety gyda Saeson. Digwyddodd fy mrawd alw yn ei lety ryw brynhawn Sul, a dyna lle'r oedd William Jones a'i wallt i fyny'n syth gan gynnwrf yn methu cael gan ei wraig lety ddeall yr hyn yr oedd arno ei eisiau, a'r wraig lety hithau bron mewn dagrau am na fedrai ei ddeall. Yr oedd ar William eisiau benthyg 'case' meddai hi, ond er dangos iddo fag dal dillad a phob dim, ni wnâi dim y tro. 'Be sydd arnat ti eisio, Wil?' meddai fy mrawd. 'Eisiau benthyg cas llythyr i sgwennu i Maggie!!' meddai yntau. (Yr oedd yn briod erbyn hyn.) Yr oedd yn ormod o Gymro i allu troi'r cas llythyr yn *envelope*. Ni bu byw'n hir ar ôl dychwelyd o Lerpwl, yr oedd yn un o'r degau a fu farw o'r adwyth anwydog a ddaeth dros y wlad ar ôl y rhyfel.

Byddai un arall o'r rhai a aeth i Bootle, mab Cae Cipris, Rhostryfan, yn myned i'r capel bob bore Sul. Yna wedi'r oedfa, âi am dro, ac yn ddieithriad bron, o gwmpas carchar Walton. Cerddai o amgylch y carchar a'i astudio'n fanwl, er mwyn gweld sut y buasai'n dianc ohono petai'n digwydd mynd i mewn rywdro! Dyna beth fuaswn i'n alw yn archobeithiwr.

Un arall o'r bobl hyn oedd un a elwid yn John James gan bawb, er mai Owen oedd ei gyfenw, mi gredaf. Aethai ef cyn y rhyfel i weithio i'r pyllau glo yn Sir Gaerhirfryn. Fe aeth nifer i'r fan honno hefyd tua 1912 a 1913. Un diwrnod pan oedd i lawr yn y pwll, dyma fo'n edrych i fyny, a daeth arswyd arno, ac meddai wrtho ef ei hun, 'Wel, mi rydw i'n fyw rŵan.' Dyna'r cwbl, ond mae'r awgrym am beth oedd ei syniad ef am y dyfodol yn amlwg. Cododd ac aeth i fyny o'r pwll. Aeth i'w lety a chychwynnodd am Sir Gaernarfon, ond nid heb weld rhai o'i gyfeillion. Dywedasant hwythau wrtho am gofio newid trên yng Nghaer. Nid oedd ganddo fawr Saesneg. Fe newidiodd yng Nghaer, ac aeth i'r trên cyntaf a welodd, a glanio yng Nghaerdydd. Mae'n rhaid bod rhywun wedi deall yn y fan honno a'i roi ar drên y Gogledd, a phapur mawr ar ei gefn gydag ysgrifen fras arno yn gorchymyn i bwy bynnag a'i gwelai ei gyfeirio i Gaernarfon.

Aeth John James wedi hynny i weithio i Bootle, ac yr oedd yno ym misoedd olaf y rhyfel. Yr oedd pethau'n ddrwg iawn gyda'r Cynghreiriaid, a rhywdro yng ngwanwyn 1918 penderfynodd eglwysi Lerpwl roi un Sul i weddïo am ddiwedd y rhyfel. Cyhoeddwyd y cyfarfodydd gweddi y Sul cynt. Bore trannoeth daeth John i'w waith yn llawen iawn, a mynegi ei lawenydd i'w gyfeillion. ' Mi gewch chi weld y bydd y rhyfal drosodd gyda hyn,' meddai, ' achos mi fydd Lerpwl i gyd yn gweddïo y Sul nesaf.' 'Ia,' meddai cyfaill o'r Waunfawr, William Peter, 'ond tydi'r Germans yn gweddïo hefyd.' 'Tw,' meddai John, 'pwy ddiawl dalltith nhw?' Gwn y tadogir y stori yna ar rai eraill erbyn hyn, ond yr wyf mor sicr â'm bod yn ysgrifennu rŵan, fod y stori wedi digwydd fel yna. Wrth gwrs, nid yw'n amhosibl iddi fod wedi digwydd yn rhywle arall hefyd. Nid wyf yn siŵr ai John James a ddywedodd pan weithiai yn y pwll glo, wrth glywed crynfeydd yn y ddaear, 'Clyw, mae hi'n bwrw glaw y tu allan.'

Rhaid imi sôn am un peth arall ynglŷn â'r byd gwan.

Byd gwan neu beidio, byddai'n rhaid i'r tyddynnwr gael help ar ei dyddyn ar rai adegau ar y flwyddyn, megis amser teilo a llyfnu, ac yr oedd dynion i'w cael a âi o gwmpas i weithio diwrnod yma a diwrnod acw. Yr oedd hynny'n rhatach i'r tyddynnwr er lleied ei gyflog na cholli diwrnod o'r chwarel. Pobl wedi mynd yn rhy lesg i weithio eu gwaith eu hunain oedd y gweithwyr crwydr hyn. Cofiaf yn dda mai Daniel Owen, o Rostryfan, a ddeuai atom ni, hen ŵr tawel nobl, a hollol wahanol i un arall a fu o gwmpas, sef un a elwid yn ' Wil Huws ddigartre'. Buasai hogiau tref Gaernarfon yn ei alw yn 'rêl sgolar', hynny yw, yn un cyfrwys. Mewn sguboriau a lleoedd felly y cysgai'r nos, ac yr oedd yn ddigon o sgolar i ennill ei fwyd yn aml heb weithio. Medrai wneud rhywun o dan ei drwyn, gan fod ei ddull mor hynaws a chlên. Os byddai ar rywun eisiau ei help, ei weld yn rhywle y byddid, ac yntau'n addo yn ddiffael y deuai drannoeth. Byddai rhywun yn lwcus os deuai ymhen wythnos. Câi fwyd cyn gynted ag y cyrhaeddai, a dwywaith allan o bedair, fe ddiflannai ar ôl y bwyd. Dysgodd un wraig sut i gadw ei drwyn ar y maen. Gwnâi iddo wagio ei boced o'r ychydig sylltau a fyddai ynddi, rhoddai hwynt mewn jwg ar y dresel, a dywedai y câi hwynt yn ôl a rhai eraill wedi eu hychwanegu atynt wedi gwneud bore o waith, ond na châi na'r rhain na'r ychwanegiad os na weithiai. Nid heb lawer o ymliw ac erfyn yr âi Wil i'r cae, ac unwaith aeth oddi yno heb weithio, a bu'r arian yn ei ddisgwyl ar y dresel am wythnosau.

Daeth Wil Huws i weithio i dŷ Owen Williams, Plas Ffynnon, ryw ddiwrnod. Gwelsai ef yn rhywle y noson gynt a dywedodd wrth ei wraig y byddai yno fore trannoeth, a rhybuddiodd hi ar boen ei bywyd am gadw ei drwyn ar y maen. Fe ddaeth Wil Huws. Cafodd frecwast campus, ac aeth ati i ddyrnu â ffust. Toc, daeth i'r tŷ ac egluro i Maggie Williams nad oedd y ffust yn un dda iawn, gan ddangos ei gwendidau. Ond yr oedd gan Elis Jones yn y Gaerwen ffust dderw gampus, ac ni byddai fawr o dro yn rhedeg yno i nôl ei benthyg—yr eglurhad hwn i gyd yn glên iawn ac yn berffaith resymol. Dyna'r olwg ddwaethaf a welodd Maggie Williams arno y diwrnod hwnnw. Pan ddaeth ei gŵr adref o'r chwarel, yr oedd yn lloerig, a thynghedodd y mynnai gael gafael arno y noson honno. Aeth i lawr i'r Gaerwen, ac yr oedd ar y trywydd iawn. Sbeciodd drwy dwll clicied rhagddor y sgubor, ac yno yr oedd Wil Huws yn gorwedd mewn sach ar swp o wair glân. Dyrnodd Owen Williams y drws fel dyn cynddeiriog, gan fygwth mwrdwr a phethau gwaeth. Neidiodd Wil Huws ac allan o'i sach yn noeth lymun (tystiai O.W. wedyn na welsai neb cyn laned), brysiodd wisgo amdano gan hanner crïo'n edifeiriol. ''Rydw i yn dwad rŵan, Owen bach, ydw wir.' Mi gafodd ddigon o fraw y tro hwn i gyflawni ei addewid i ddyrnu yn bur fuan.

Dro arall cyfarfu Owen Williams â Wil Huws ar y Maes yng Nghaernarfon, a daeth yr olaf ymlaen ato yn wên o glust i glust a dal deuddeg swllt ar gledr ei law. 'Yli'r hen Owan,' meddai, ' mae gin i ddigon o bres, tyd efo mi, mi tretia i di i ginio.' Ni theimlai Owen Williams ddim pang cydwybod wrth dderbyn ei gynnig, gan fod ar Wil Huws fwy iddo ef na fel arall. Aethant i demprans y Ceiliog Ffesant yn Stryd Twll-yn-Wal, a chael cinio ardderchog. Aeth Owen Williams i'r cefn wedi bwyta. Erbyn iddo ddychwelyd i'r lobi yr oedd Wil Huws wedi diflannu ac wedi dweud wrth y wraig mai Owen Williams a fyddai'n talu am y ddau ginio! Ffromi eto a chymryd y bws cyntaf a welodd a disgyn ohono yn y Bontnewydd, ond ni chafodd afael arno i gyflawni ei fygwth o hanner ei ladd.

Daeth y diwedd a ddisgwyliech i un o'i fath, fe'i cafwyd wedi marw ar ochr y ffordd rywle yng nghyfeiriad Dinorwig, a mynegwyd yn y cwest mai un 'of no fixed abode' ydoedd. Gymaint mwy hoffus yw 'Wil Huws ddigartre'.

Yn nechrau cyfnod fy mhlentyndod, pladur a ddefnyddid i ladd gwair, a phleser oedd edrych ar bladurwyr profiadol (ein cymdogion cymwynasgar oeddynt) yn lladd, a rhithm eu symudiadau'n berffaith. Ac mor hyfryd i'r glust oedd eu sŵn a mor bleserus i'r llygaid oedd y gwneifiau ar eu holau. Ond cyn ei ddiwedd fe ddaeth y peiriant lladd gwair a wnâi'r gwaith ynghynt o lawer. Cofiaf am un amgylchiad doniol ynglŷn â thorri gwair. Yr oeddwn yn eneth go fawr erbyn hynny, ac yn yr Ysgol Sir, ond gartref ar wyliau, y cynhaeaf gwair braidd yn hwyr oherwydd tywydd gwlyb. Yr oedd John Jones. y torrwr, i fod i ddyfod yn y bore, ond ni ddaeth. Felly, gan feddwl na ddôi yn y prynhawn, aeth mam i Fryn Ffynnon, tŷ fy nhaid a'm nain, i helpu gyda'r gwair yno. Mynnodd Dei, fy mrawd ieuengaf, gael myned gyda hi. Yr oedd Mos, fy mrawd-yng-nghyfraith, y soniais amdano mewn pennod flaenorol, i fod i ddyfod acw yn y prynhawn i helpu gyda'r chwalu gwneifiau, am ei fod yn gweithio stemiau, ac felly yn rhydd yn y prynhawn ('gweithio stemiau' yw'r term sy'n gyfystyr i weithio shifft yn y pwll glo, ond mai ar adegau neilltuol yn unig y gweithid stemiau). Ond rhwystrodd rhywbeth ef rhag dyfod. Fe ddaeth John Jones yn y prynhawn, a neb ond y fi gartref. Yr oedd y torrwr heb gael amser i roi min ar gyllyll ei beiriant, a dyma fynd ati i'w rhoi ar y maen, a finnau'n troi'r handlen. Yr holl amser y bûm yn troi, y cwbl a gefais gan John Jones oedd, ' Yn tydi'r Dei yna'n un rhyfadd, yn mynd i Bryn Ffynnon yn lle aros gartra i helpu? Yn tydi'r Mos yna yn un rhyfadd na basa fo'n dŵad fel yr oedd o wedi gaddo?' Fel yna ugeiniau o weithiau. Yr oedd hi'n ddiwrnod oer, gwyntog, dim byd tebyg i dywydd cynhaeaf gwair. Yr oedd John Jones i fod i ladd hen weirglodd fawr a oedd gennym, gryn bellter oddi wrth y tŷ. Gan ei bod ar dipyn o ar-i-fyny, lleddid ei hanner ar y tro, rhag blino'r ceffyl. Wedi i John Jones ei hel ei hun a'i injian a'i geffyl at ei gilydd, a dechrau ar ei waith, dyma fo i'r tŷ mewn dim, a gofyn i mi a ddown i'r weirglodd efo chribin i gribinio'r gwair, gan fod y gwynt ar ddwy ochr i'r darn tir, yn ei chwythu yn ôl i ddannedd y peiriant. Felly, byddai'n rhaid imi ei ddilyn efo chribin a chribinio'r gwair yn ôl ar y ddwy ochr lle y chwythai'r gwynt. Stop wedyn, a gofyn a gâi Dic (y ceffyl) lith. Minnau'n gorfod gadael y cribinio i fyned i'r tŷ a gweled bod dau degell mawr o ddŵr ar y tân, a chael a chael bod yn ôl yn y weirglodd mewn pryd i gribinio'r gwair cyn iddo ef ddyfod yn ôl i'r ochr honno efo'r injian. Gan fod y ddaear mor wlyb, yr oedd yn rhaid imi wisgo clocsiau, ac nid tipyn o beth oedd rhedeg yn ôl a blaen i'r tŷ ac yn ôl. Wedi gwneud llith i Dic, yr oedd yn rhaid i John Jones a minnau gael te, a pharatoi'r pryd hwnnw wedyn mewn cromfachau. Nid anghofiaf fyth y prynhawn hwnnw o redeg a rasio. Mwynhaodd John Jones ei de yn fawr, fel y tystiolaethodd lawer gwaith wedyn wrth bobl. Dim ond un a allai wneud te yn well na mi meddai ef, a Mary Jones, ei wraig, oedd honno. Ond ni bu'r hen gyfaill yn lladd gwair i lawer wedyn. Dechrau ei salwch oedd ei ymddygiad rhyfedd y prynhawn hwnnw. Yr oedd ei ymennydd yn dechrau darfod. Un o Sir y Fflint ydoedd, ac wedi treulio llawer o flynyddoedd yn America. Pan af i fynwent Rhosgadfan ac edrych ar ei garreg fedd, byddaf yn dychryn wrth ddarllen nad oedd ond 42 mlwydd oed pan fu farw. Edrychai yn llawer nes i drigain.

Digwyddai damweiniau yn aml yn y chwareli bychain yn y cyfnod hwn, gymaint ohonynt fel y cododd ein aelod seneddol, Mr Ellis W Davies, y mater yn y Senedd tua 1907, ar ôl lladd brawd Richard Hughes-Williams, er nad yn hollol yn y chwarel y lladdwyd ef, eithr mewn peiriant a âi â'r llechi i ben yr Inclên, drwy i'r boiler ffrwydro. Bu gwelliant ar ôl hyn. Mynnai rhai fod cymaint o ddamweiniau'n digwydd oherwydd mynd ar ôl y faen orau fel y soniais, ac felly greu brig bygythiol. 'Dwn i ddim. Heddiw mae'r damweiniau'n llai o lawer. Wrth reswm mae llai o bobl yn gweithio ynddynt hefyd.

Y tro diwethaf y gwelais i'r fintai bach yn hebrwng corff cyd-chwarelwr adref oedd yng ngwyliau Pasg, 1928. Yr oeddwn gartref ar wyliau o Aberdâr ar y pryd. Rhywdro yn nechrau'r ganrif, daethai Sais o'r enw William Bebbington i weithio i chwarel Cors y Bryniau. Un o Sir Gaer (Cheshire) ydoedd, wedi treulio ei ieuenctid yn y fyddin, a'i olwg braidd yn ddrwg. Lletyai gyda dwy chwaer, un yn weddw a'r llall yn hen ferch, nithoedd i Lasynys. Gan na fedrai air o Gymraeg, âi i fwrw pob Sul i Gaernarfon. Ond daeth Diwygiad 1904-5, a dechreuodd yntau dreulio'r Sul yn Rhosgadfan, a mynychu'r capel. Cawsai ychydig grap ar y Gymraeg yn y chwarel erbyn hyn, ond ni fedrai ddigon i weddïo yn gyhoeddus ynddi. Modd bynnag, âi ymlaen i gymryd rhan, lediai'r emyn yn Gymraeg, ac yn hollol naturiol i un wrthi yn dysgu iaith newydd, lediai'r emyn drwyddo o'i ddechrau i'w ddiwedd, a'r acen Saesneg yn dew iawn, y peth tebycaf a glywsoch erioed i Mr Aethwy Jones yn dynwared Mr Churchill yn Noson Lawen y B.B.C. ers talwm. Ni wn beth a ddywedasai Williams Pantycelyn, Ann Griffiths, David Charles a'r holl hen emynwyr pe clywsent ef yn llofruddio eu hemynau. Ond gwn un peth, fe edmygasent ei ysbryd Cristnogol cywir. Fesul tipyn daeth i gymysgu Cymraeg a Saesneg yn ei weddi, nes o'r diwedd fentro'n gyfan gwbl yn Gymraeg. Yn y dechrau, pan fyddai ei weddi yn Saesneg i gyd, câi wrandawiad perffaith, er na ddeallai llawer yr un gair ohoni. Ond yr oedd pobl wâr yn byw yr adeg honno. Ni byddai'n fodlon i neb geisio egluro dim yn Saesneg iddo, ac felly y dysgodd Gymraeg yn drwyadl, er mai Saesneg oedd ei acen hyd y diwedd, a bod pobl yr ardal yn tybied o hyd mai am oen y soniai wrth gyfeirio at ' Owen'. Darllenai lawer o Saesneg a Chymraeg, ac fe'i gwnaeth ei hun yn rhan o'r gymdeithas Gymreig honno, gan fyw yn union fel y bobl, ymweled â hwy mewn salwch ac adfyd, cyd-lawenhau â hwy a chydgrefydda, ac ymddygai pawb ato yntau fel petai'n un ohonynt er erioed, a'r un oedd eu parch iddo ac i'r un dyfnaf ei wreiddiau yn yr ardal pan hebryngai'r fintai fechan ef i'w lety a'i gartref am y tro olaf y diwrnod hwnnw yn 1928. Pan aeth i weithio i Lerpwl rhwng 1914 ac 18, capel Cymraeg a fynychai, fel pe na bai capel Saesneg yn Lerpwl. Mae'n cyd-orwedd â'i gyfeillion ym mynwent Rhosgadfan. Mae llawer iawn o Saeson wedi dyfod i Rosgadfan er 1939, ond nid ymdawdd llawer ohonynt hwy i mewn i'r gymdeithas fel y gwnaeth William Bebbington.

Gan fy mod yn sôn am ddamweiniau ni waeth imi ddweud hanes un ddamwain arall. Digwyddodd hon ymhen blynyddoedd lawer iawn a minnau i ffwrdd oddi cartref. Lladdwyd Robert Jones, Pen 'Rallt, Alltgoed Mawr—Bob Hafod Ruffudd, fel y gelwid ef yn chwarel Cors y Bryniau, yn o hwyr ar y diwrnod. Tyddyn bychan iawn yw Hafod Ruffudd, ar ben Moel Smatho, heb fod yn bell iawn o'r chwarel ac ar y llwybr sy'n arwain i'r Alltgoed Mawr. Yno yr oedd ei fam weddw yn byw, a galwai ei mab heibio i'r hen wraig bob nos wrth fyned adref o'i waith, a byddai ganddi hithau panaid o de yn barod iddo bob nos. Yr oedd fy nhad yn un o'r rhai a aeth i dorri'r newydd iddi am ddiwedd ei mab, un o'r pethau tristaf a ddaeth i'w ran erioed, oblegid yr oedd y cwpanau te yn barod ar y bwrdd. Yr oedd yr hen wraig, Mary Jones, mewn tipyn o oed, ac ni chredaf iddi sylweddoli yn iawn beth a ddigwyddasai. Bob nos, am weddill ei blynyddoedd ar y ddaear, paratodd y gwpanaid te i Bob erbyn iddo alw ar ei ffordd o'r chwarel. Dyna'r math o stori y buasai Pirandello yn ei hysgrifennu.

Er mwyn cofnodi ffeithiau, ac am fod a wnelo'r pethau â'm teulu i, yr wyf am roi hanes dwy ddamwain arall a ddigwyddodd ymhell cyn fy amser i, ni chofiaf y dyddiadau. Un oedd y ddamwain pan laddwyd Robert Thomas, Hafod y Coed, tad y diweddar Barch. Morris Thomas, Dolwyddelan, awdur y nofel Y Wawr. Yr oedd fy nhaid yn un o'r rhai a fu'n ceisio cael y corff—rhaid mai cwymp o graig oedd yr achos y tro hwn hefyd. Y pryd hynny, crysau cau tu ôl oedd y ffasiwn i ddynion. Crysau gwlanen lwydlas wedi eu gwneud gartref oedd y rhai hyn, a'r tu blaen yn debyg i'r rhai a ddaeth wedyn i gau yn y tu blaen, ond yn lle agoriad, yr oedd dwy bleten yn troi oddi wrth ei gilydd, a'r darn rhyngddynt wedi ei addurno â phwyth croes. Yr oedd yr agoriad ar y tu ôl a botwm ar fand y gwddw yn ei gau. Wedi dyfod adref y noson honno, dywedodd taid na wisgai byth grys cau tu ôl wedyn, gan iddo fygu bron wrth chwilio am y corff, ac ni allai estyn ei law i'r tu ôl i agor band ei grys.

Bu damwain fawr arall yn Chwarel Dorothea. Fe sgrifennodd Mr R H Jones yn fanwl yn *Yr Herald Cymraeg* am ddamweiniau Dyffryn Nantlle rai blynyddoedd yn ôl a hon yn eu mysg. Sôn yr wyf fi amdani oherwydd digwydd o rywbeth arall ynglŷn â hi ac ynglŷn â'm tad. Nid wyf yn ddigon sicr ychwaith ai hon oedd y ddamwain y lladdwyd Mr Robert Thomas, Hafod y Coed, ynddi. Efallai mai'r un un oedd hi. Daeth dŵr i dwll Dorothea ac achosi cwymp mawr a chladdu deuddeg o ddynion dani. Buwyd yn hir iawn yn cael y cyrff o achos y dŵr. Cafwyd un corff ymhen y flwyddyn, a gweddw'r dyn wedi ailbriodi erbyn hynny. Yn y cyfamser, tyrrai pobl yno o bob man i weld lle'r ddamwain, er na allent weld fawr ddim arall. Felly y gwna pobl o hyd. Rhyw brynhawn Sadwrn, daeth cefndyr i'm tad o Lanrug i edrych amdano (yr oedd ef wedi priodi erbyn hynny), a gofyn iddo fyned gyda hwynt i weld twll Dorothea. Dyma gychwyn a thros Ros y Cilgwyn yr eilwaith y diwrnod hwnnw i'm tad. Pan oeddent ar y Rhos dyma fachgen bach yn rhedeg i gyfarfod â hwy a gweiddi, ' Hei, mae 'na hogyn wedi syrthio i'r olwyn ddŵr.' Rhuthrasant tuag yno, a dyna lle gwelsant hogyn bach saith oed wedi ei ladd, a threuliwyd y prynhawn ganddynt hwy yn myned ôl a blaen at ei deulu a dwyn ei gorff adre.

13

Y DARLUN DIWETHAF

Yr wyf yn hen—os caf fyw ychydig fisoedd eto byddaf wedi cyrraedd oed yr addewid. Eisteddaf wrth y tân yn synfyfyrio am yr hyn a sgrifennais, a meddwl faint ohonof fi fy hun sydd ynddo. Yr wyf yn Ninbych ers chwarter canrif, yn byw mewn tref lle na chlywaf fawr iawn o Gymraeg: hynny sydd yma mae'n Gymraeg sâl, hyd yn oed yn y capel. Mae safon siarad cyhoeddus yn isel yma. Ar draws y blynyddoedd, o'r hyn a sgrifennais daw lleisiau pobl a allai siarad yn gyhoeddus mewn Cymraeg cyfoethog, a allai weddïo mewn geirfa goeth, 'Cymer ni i Dy nawdd ac i'th amddiffyn sylw. Rhagora ar ein dymuniadau gwael ac annheilwng.'

Pan fûm yn ysgrifennu'r pethau hyn fe gododd y meirw o'u beddau am ysbaid i siarad efo mi. Fe ânt yn ôl i gysgu eto. Ysgrifennais am fy nheulu a'i alw'n hunangofiant, ond yr wyf yn iawn. Fy hanes i fy hun yw hanes fy nheulu. Hwy fu'n gwau fy nhynged yn y gorffennol pell. Pobl syml oeddynt. A dyma'r ofn yn dyfod yn ôl eto, ofn y bydd y darllenwyr yn diarhebu fy mod yn ysgrifennu am bethau mor ddibwys. Ond nid ydynt ddibwys i mi, dyna fy mywyd, dyna'r gymdeithas y ganed fi iddi. Yr oeddwn yn fyw y pryd hynny, yn medru mwynhau teimlad fy mwa blewog cyntaf am fy ngwddw yn y gaeaf, yn mwynhau mynd trwy'r llidiart i'r ffordd am mai yno yr oedd y byd mawr llydan. Yr oeddwn yn mwynhau cwffio efo hogiau, yn mwynhau sglefrio dros geunant, yn mwynhau dweud fy adnod yn y seiat. Yr oedd diwrnod yn hir ac yn fyr y pryd hynny, a'i lond o bethau, a phan ddeuai i'w derfyn byddai fel tynnu llinyn crychu am warpaig a'i llond o farblis a'i rhoi i'w chadw yn y cwpwrdd. Yr oedd poen yn y warpaig hefyd a chywilydd, a deuent allan drannoeth o flaen y pethau hapus.

Yr oedd gennyf gap llongwr gwinau a thoslyn sidan ar ei gorun, ac H.M.S. y Llong-a'r-Llong ar ei du blaen. Rhoddais ef y tu ôl ymlaen i fynd i'r capel heb wybod. Dywedodd yr hogyn atgas a fyddai'n llibindio genod ar y ffordd adre o'r practis côr wrthyf ar fy ffordd allan, 'Wyddat ti fod dy gap di tu 'nôl ymlaen yn y capal?' Efallai na fuaswn wedi gwybod onibai amdano fo. Yr oedd arnaf gywilydd. Daeth y cywilydd yn ôl yn wrid i'm hwyneb am flynyddoedd. Heddiw, ni fuaswn yn poeni. Yn wir ni fuaswn yn poeni petawn i'n mynd i'r Capel Mawr a thair het tu 'nôl ymlaen am fy mhen. Yr wyf wedi marw i gywilydd.

Yr oedd gennyf gath pan oeddwn yn naw oed. Aeth i grwydro a chafodd wenwyn. Daeth yn ôl i farw. Y Sul oedd hi. Yr oedd cyfarfod gweddi yn y capel yn y nos, a phob tro y rhoddem ein pennau i lawr i weddïo, wylwn ar ôl fy nghath. Buaswn yn gwneud yr un peth heddiw. Nid wyf wedi marw i golli ffrind.

Ychydig amser yn ôl wrth fynd drwy fy llyfrau deuthum ar draws llyfr bychan o hanes Ffransis Sant a gefais gan fy athrawes hanes wrth ymadael ag Ysgol Sir Caernarfon. Llyfr twt a phapur da. Ynddo yr oedd ysgerbwd pry Gwas Neidr. Cofiais. Yr oedd fy mrawd, pan oedd mewn ysbyty gwella ym Malta wedi anfon corff y pry yma imi wedi ei binio ar bapur sidan, ac wedi sgwennu, ' Tendia', odano. Yr oedd yn fwy lawer na'n

Gwas Neidr ni. Rhoddais ef i mam, a hi a'i rhoesai yn llyfr Ffransis Sant i'w gadw a'i wastatu. Yr oedd yno er 1917. Ei esgyll a'i gorff yn berffaith, ond fod ei ben wedi dyfod yn rhydd. Gwythiennau ei esgyll sydd yno, yn rhwyllwaith mor fain ag edafedd y gwawn. Maent wedi cadw yn berffaith. Maent yn farw. Maent yn hen.

Digwyddasai popeth pwysig i mi cyn 1917, popeth dwfn ei argraff. Yr oedd carreg nadd a chlwt llnau llechen ysgol yn bwysig. Wrth edrych ar y pry, a meddwl am sgrifennu f'atgofion, tybiwn mai fel yr ysgerbwd y byddent, yn rhywbeth wedi bod, ond yn farw, yno o hyd rhwng dalennau'r llyfr.

Ond fe grynodd gwythiennau'r corff marw ychydig. Daeth yn fyw. Fe deimlais y boen, fe deimlais y llawenydd, fe deimlais y siom. Bûm yn chwerthin, bûm yn wylo, bûm yn ddig. Bûm yn sgwrsio ar aelwyd Maesteg, clywais yr acenion, clywais y Gymraeg yn ei harddwch.

A dyma fi'n ôl ar fy aelwyd yn Ninbych, fe aeth y pry yn ôl rhwng dalennau'r llyfr. Fe dawodd y lleisiau. Ond fel pan oeddwn blentyn, yr wyf yn synfyfyrio ac yn poeni. A ddywedais i'r gwir? Naddo. Fe'm cysurais fy hun ei bod yn amhosibl dweud y gwir mewn hunangofiant. Gadewais y pethau anhyfryd allan. Yr oedd yn fy hen ardal bethau cas, yr oedd yno bethau drwg, yr oedd yno bobl annymunol. Ond petawn i'n sôn amdanynt fe fyddai eu teuluoedd am fy ngwaed, ac fe'm cawn fy hun mewn llys barn. Ymateliais am fod arnaf ofn. Ofn yw ein gelyn mwyaf, yn ifanc ac yn hen.

Daw lleisiau dros farwydos coelcerthi Moel Smatho ac yn donnau ar hyd y Lôn Wen, 'Bryd, bryd, caf fi orffwys ynddi hi?' Ond nid wyf yn poeni am hwnyna, er fy mod yn nes ato. Yr wyf wedi cofio ac wedi anghofio. Tybed a fyddaf innau fel fy hen fodryb Neli 'Regal wedi anghofio popeth ond y gorffennol, ac mor farw â'r Gwas Neidr yn y llyfr—yma a heb fod yma? A anghofiodd Modryb Neli ei hofn? A fu arni ofn erioed? Gofynnaf y cwestiynau i wacter fy nhŷ. Yr wyf yn blentyn eto yn synfyfyrio ac yn gofyn cwestiynau. Ond ni fedraf ddatrys problem chwarae pum carreg.

Mae'r tân yn mynd i lawr yn y grât. Âf i'm gwely. Fe ddaw yfory eto, a chaf ddal i ofyn cwestiynau.